林良隆 著

イスラム文化と観光

ムスリム・インバウンドの教科書

晃洋書房

はじめに

二〇〇三年に日本は「ビジット・ジャパン・キャンペーン」を打ち上げ、日本もインバウンドに力を入れて外国人の国内消費の増加を期していく方向を示してきました。二〇〇八年一〇月に観光庁を誕生させ、日本の観光政策を一元的に図る体制も整えて、インバウンド政策に拍車をかけてきました。その間には、経済動向、国と国との関係動向、疫病などの影響を受けて当初の目標が達成しない期間もありましたが、官民挙げてインバウンド旅行客の獲得に真剣に取り組み、二〇一九年には、日本の人口比の二五％の訪日外国人旅行者を迎えました。また、その経済効果も大きいことから、日本は今後もインバウンド政策を追求していかなければならないことは周知のとおりです。

　そうした状況の中で、異文化を理解することや日本になじみのない宗教を持つ人々へのおもてなしをどのようにしていくべきなのかは大変重要なことは言うまでもないことです。とりわけ、世界の四人に一人がムスリムであり、その数は増加することも想定されており、その人数は全世界の三割を超えるとされています。中でもアジア・太平洋地域にはイスラム人口の六二％を占めるムスリムが住んでおり、日本のインバウンド政策を考える際には、ムスリム観光客へのおもてなしを第一に考えて、その体制を整備していかなければならないことは自明であり、これまでもおもてなし体制の構築を図ってきております。

そのなかで観光業界に貢献できればとムスリム・インバウンドのための具体的なポイントをまとめた著書『ムスリム観光客へのおもてなし』（二〇一四年八月初版、二〇一五年二月第二版、パブリック・ブレイン）を上梓し、各地での講演やセミナー時にも活用してきました。その間、ムスリムの入国者は筆者推定で二〇一三年には年間二八万人であったものが、二〇一八年には年間一〇〇万人を超える旅行者を迎えるようになり、日本独自の形態であるものも見られますが、ハラール認証を取得した食事施設が現れたり、空港、ターミナル駅、宿泊施設、土産物店等に礼拝場を設けたりするなど、受入環境は充実してきました。その結果、調査では、ムスリムが旅行しやすい国として非イスラム教国のなかでは日本は世界で第三位にランキングされるまでになってきました。今般、それらを踏まえ、小著『ムスリム観光客へのおもてなし』を基本として、さらにイスラム教の文化などについて大幅に加筆し、観光業界に一層有益なものとなるよう願い、再構成して本書を上梓した次第です。

本書は大きく二章に分かれております。第一章は、イスラム文化について著しています。イスラム教徒にとり、イスラム教の教義は個人の精神的な土台で、公的、私的のすべてにわたるものであり、生活や文化もその教義に基づいています。また、男女観、結婚観、離婚や親権、着衣、金融制度などについて述べています。

第二章はムスリム・インバウンドについて述べています。ムスリム観光客を受け入れるために知っておきたいポイントを筆者の調査インタビューしたものを中心に著しています。イスラム教の文化を理解したうえで、ムスリム・インバウンドのおもてなしを推進していくために役立てていただきたくムスリム・インバウンドの教科書として利用していただければ幸甚です。

本書を執筆するにあたり、マレーシア国内において、調査にご支援ご助言いただいた日本航空、日系およびマレーシアの旅行会社、日系損害保険会社の方々にあらためて深謝するとともに、発刊に際しご援助いただいた山本氏をはじめとする晃洋書房に対して御礼を申し上げます。

二〇二〇年一月

林　良隆

目次

はじめに　4

第1章　イスラム文化　9

一　イスラム教を知る　10

1　イスラム教の起源、イスラムとムスリム　10

コラム　インシャアッラー　12

2　預言者ムハンマド　12

3　コーラン　14

4　イスラムの戒律「六信五行」　15

コラム　イスラム圏の国旗には月と星　21

5　ハラールとハラーム　21

コラム　クアラルンプール空港発日本行きの機内食、クアラルンプール空港内では　23

6　ハラール認証　23
コラム　食材ピクトグラム　26

二　文化感、生活感　27

1　イスラム教徒の生活基盤　27
2　ムスリムのすべての拠りどころはコーラン　27
3　コーランとムハンマド　28
コラム　イスラム伝統美術、文学と映画　29
4　男女観と一夫多妻　29
5　ムスリムの結婚、離婚、子の親権　32
6　女性の着衣　33
7　男性の着衣　36
8　お金、利子の禁止、イスラム金融　37
9　学び　40
10　イスラム暦、一週間　41
11　死、葬儀、相続　42
12　モスク　43

三　ムスリムの人々を知る　44
1　ムスリムの人の考え方や習慣は皆同じではない　44
2　ムスリムの人々は日本人と同じで優しい人が多い　44
3　ジハード（聖戦）、IS　45
4　飲酒　46
5　喫煙　48
6　目には目を、歯には歯を　49
7　美容、理容　50
コラム　あいさつ　51

第2章　ムスリム・インバウンド　53
一　これからのインバウンド観光客としての重要性　54
1　世界の四人に一人がムスリム　54
2　世界のムスリム人口予測　55
3　イスラム経済圏の市場規模　57
コラム　日本の商品をイスラム圏で販売する工夫　58
4　ムスリムの観光市場　59

5　ムスリム・インバウンド誘致政策　59
6　アジアのムスリムは富裕層になってきている　61
二　ムスリム観光客を受け入れるために知っておきたいこと
――マレーシアからのムスリム・インバウンドについての調査を中心に――　62
コラム　ムスリムが旅行しやすい国々　63
三　ムスリム・インバウンド促進のための心構え　86
1　訪日ムスリム人数　86
2　自分たちの「おもてなし」を売り物にする　87
コラム　信頼を築くために　88
3　ムスリム・フレンドリーになる　88
コラム　エルトゥールル号遭難事件　89
引用・参考文献　91

第1章　イスラム文化

一　イスラム教を知る

1　イスラム教の起源、イスラムとムスリム

イスラム教はキリスト教やユダヤ教と同じく一神教であり、アラビア語で唯一の神を意味するアッラーに帰依しています。一神教とはこの世に神は一つであり唯一絶対であり、複数は存在しないという立場なのです。日本の神道の場合は神は自然界に多く存在し、人間も死ねば神となり祀られますし、仏教では仏様を守る神が複数存在しますので、多くの日本人には一神教という言葉はなじみが薄いかもしれないです。

イスラム教「al-Islam」は七世紀初頭にアラビア半島の都市メッカにて、預言者であるムハンマドによる創唱により起こったとされます。

よく、ユダヤ教、キリスト教、イスラム教の三宗教の神は同一で姉妹宗教と称されますが、それは、ユダヤ教からキリスト教、キリスト教からイスラム教が出てきたからです。

紀元前に誕生したといわれるユダヤ教は、海、川、山、世の中のすべてのものを創りだしたという天地創造の神であるヤハウェが唯一の神であり、旧約聖書やタルムードがその経典であります。週の七日目にあたる土曜日、厳密には金曜日の日没より土曜日の日没までの間

は安息日であり、いかなる労働もしてはいけないとされ家事も含め一切の労働をしてはいけないとされています。

キリスト教は、ユダヤ教徒であったといわれるイエス・キリストを源とするものです。イエス・キリストは自らを神の子であり、神がこの世に遣わした救世主であると主張したのです。イエス・キリストの死後にその思想が広まりキリスト教が生まれてきたとされたのが、紀元一世紀中頃です。世界で一番多くの教徒をもち、日曜日を休日とし、イエス・キリストが生まれた日であるクリスマスを祝うなど日本でも多くの影響を受けているのがキリスト教です。

キリスト教が誕生してから六〇〇年後にキリスト教の天使であるガブリエルより啓示を受けたのがムハンマドです。神が遣わした最後の預言者がムハンマドであり、神からの啓示をまとめたのがコーランなのです。その教えに従うのがイスラム教です。

アラビア語ではイスラムという言葉には神の教えという意味が含まれているのでイスラム教という必要はないという人もいますが、日本ではイスラム教と呼ぶのが一般的であり、その教徒をムスリムといいます。

アッラーに帰依することとは、アッラーにすべてを任せてアッラーを絶対的に信頼するという意味であり、すべてはアッラーの思し召しと受け止め、かつ、あきらめず、ポジティブに生きていくという意味です。イスラム教には、仏教の僧侶、キリスト教の神父や牧師といった聖職者はいないです。それは、ムスリムはアッラーと直接的に結びついており、その間を仲介する者はいないからです。イスラム教のウラマーは宗教的知識をもっている者であり、神学者や法学者、コーラン読踊者であります。ウラマーは職業ではなく、教師、裁判官、法律家、説教師、イマームといわれる礼拝の導師、モスクの管理者などの仕事をしています。
　ムスリムはアッラーと直接的に結びついているため、ムスリム同士が他のムスリムに対して善悪を判断したり、戒律を守らないことに対して非難したりすることはありません。

コラム　インシャアッラー

「インシャアッラー」という言葉は広く知られています。これは、「アッラーの御心のままに」、「アラーのご意志による」、「アラーにお任せする」という意味です。この意味からムスリムは何も努力しないのではないかと誤解をうけてしまいそうですが、決してそのようなことをこの「インシャアッラー」という言葉が意味しているのではありません。自己の人生に対し積極的に取り組み追及していく、そのうえでの最後の結果はアッラーの御心であるということなのです。ムスリムはこの御心を大切にしているということなのです。

2　預言者ムハンマド

ムハンマドはイスラム教の創始者ではなく「最後の預言者」「神の使徒」です。ムハンマドに下された啓示を記したものがコーランです。ムスリムにとりアッラーは神であり崇拝の対象であり、ムハンマドは預言者であり敬愛の対象です。

ムハンマドのフルネームは、ムハンマド・イブン＝アブドゥッラーフ・イブン＝アブドゥルムッタリブといいます。アラブ人の名前には姓がなく、父方の名前を連ねているのが一般的ですので、このような名前なのです。

五七〇年頃、メッカでクライシュ族のハーシム家に生まれたムハンマドは、生まれたときには父親がすでに亡くなっており、母親も六歳の時に亡くしたため、叔父のアブー・ターリブに引き取られ、商売を手伝うようになりました。彼は、二五歳の時に一五歳上の裕福な未亡人であったハディージャと結婚しました。ハディージャは前の夫から膨大な財産を相続し、商売も成功を収めていました。この夫婦は二男四女の子どもを設けましたが、男児は早くに亡くすことになってしまいました。

四〇歳の頃に、メッカ郊外のヒラー山の洞窟にて瞑想した時に、天使ガブリエルの声を聴いたのです。この神から下された啓示は、一度ではなくたびたび聞くようになり、次第に預言者としての使命を自覚してくるようになりました。

神の啓示を受けたムハンマドは、それを多くの人に広め始めましたが難を極めることとなっていきました。多神教ではなく一神教、偶像崇拝の禁止は受け入れられず、平等な社会と弱者救済を説きますが、貧富の差が広がってきていたメッカ社会では反感も多く受けることとなっていきました。最初の啓示を受けてから一〇年が経つ頃に、叔父のアブー・ターリブと妻のハディージャを相次いで亡くし後ろ盾をなくしてしまったムハンマドは、身の危険を感じてメッカから三〇〇キロメートル北の町で後のメディナであるヤスリブに向かっていきました。ヤスリブには一〇〇人程度の信者がおり、招聘を受けていたのが向かった理由でありました。メディナに到着したのは六二二年九月二四日（当時のアラブ暦では三月一二日）でありました。この六二二年がイスラム暦元年とされることとなったのです。

メディナを収めたムハンマドは、兵を引き連れメッカに向かい、メッカ軍を降伏させることに成功しました。それが六三〇年であり、その年には、アラビア半島も収めることとなりました。しかし、その二年後の六三二年に六二歳のムハンマドは、病に倒れ生涯を終えることとなりました。

3　コーラン

コーランまたはクルアーンはイスラム教の聖典で一一四章からなり、アラビア語で書かれています。アラビア語でコーランは「読誦」という意味で、礼拝の際に唱えるのもアラビア語です。アラビア語以外のコーランは単にコーランを解釈したものに過ぎないとされています。

4　イスラムの戒律「六信五行」

ムスリムが信じる六つの信仰箇条「六信」と、ムスリムが必ず行うべき五つのこと「五行」がコーランに書かれており、「六信五行」といいます。

「六信」とは、アッラー（神）、キターブ（啓典）、アーヒラ（来世）、マラーイカ（天使）、ナビー（預言者）、カダル（定命）で、ムスリムの信条とされているものです。

「五行」とは、「信仰告白（シャハーダ）」、「礼拝（サラート）」、「喜捨（ザカート）」、「断食（サウム）」、「巡礼（ハッジ）」で、ムスリムの行うべきものです。

(一) 信仰告白（シャハーダ）

「信仰告白（シャハーダ）」とは「アッラーの他に神はなし。ムハンマドは神の使徒なり」と唱えるものです。「アッラーの他に神はなし」というのは、イスラム教が唯一の信仰の対象であることを意味しており、多神教や神に結びつく偶像が禁じられていることを意味しています。「ムハンマドは神の使徒なり」は、ムハンマドが神と人間の間を仲介していることを意味しています。サウジアラビアの国旗には白色の文字でこの「アッラーの他に神はなし。ムハンマドは神の使徒なり」とアラビア語で書かれています。また、その言葉は「礼拝（サラート）」の際とイスラムに改宗する際に唱えらます。

（二）喜捨（ザカート）

イスラム教では、経済的に余裕のある者が余裕の無い者へ援助することは義務とされています。この精神に基づき行われるのがザカートです。一年間で貯蓄できたなかから家畜、農産物、金銭などを納めることで、金銭の場合は二・五％です。貧者、孤児、未亡人を支援するため、奴隷や債務者の解放のため、イスラムの普及のために用いられるとされています。ただし、近年は、このように信徒間の相互扶助や社会的平等を理念とするイスラムの理念にもかかわらず、貧富の差が拡大していることに憤慨するイスラム主義者がいることもよく指摘されています。

（三）礼拝（サラート）

唯一の神アッラーを礼拝の対象としております。イスラム教では偶像崇拝は行いません。何かの像を崇拝の対象とはしていないのです。

ムスリムの人々は一日に五回礼拝を行います。夜明け前（ファジル）、昼の礼拝（ズフル）、午後（アスル）、日没後（マグリブ）、夜（イシャー）、の五回です。

一日に五回の礼拝をするのは、アッラーへの服従と敬意を表すことで、信仰心を大切にしているからです。

太陽の動きに合わせて礼拝を行うので毎日同じ時刻ということではありません。昼の礼拝（ズフル）は太陽の南中の少しあとに行われ、午後の礼拝（アスル）は太陽が四五度の高さになったときに行われます。イスラム教徒の多く居る場所では礼拝の時刻を知らせるアザーンという礼拝を呼びかける声が聞こえます。礼拝の時刻は幅が認められており、一斉に開始されるのではなく、また、その時刻に開始しないと無効になるということでもありません。

礼拝はサウジアラビアのメッカの方向に向かって行われます。メッカにはイスラム教の聖地であるカーバ神殿があり、その方向に向かって行われます。カーバ神殿の地は、もともと多くの神像が安置されていた地であったのですが、ムハンマドが偶像を除き、清めて、聖殿としたものであります。

礼拝の姿は立礼や平伏座位などがありますが、充分に尊重されるようにしなければならないことは言うまでもありません。礼拝は次頁のように行います。

(四)　断食（ラマダン）

断食は健全であるムスリムは行わなければならいもので、年に一度、イスラム暦のラマダン月・九月に行われます。夜明け前から日没までの間、飲食や喫煙等が禁じられています。旅行中の人、病人、授乳中の母親は免除されます。

礼拝の仕方

❶「アッラーフ･アクバル（アッラーは偉大なり）」と唱え、手を耳のところまで持ち上げます。

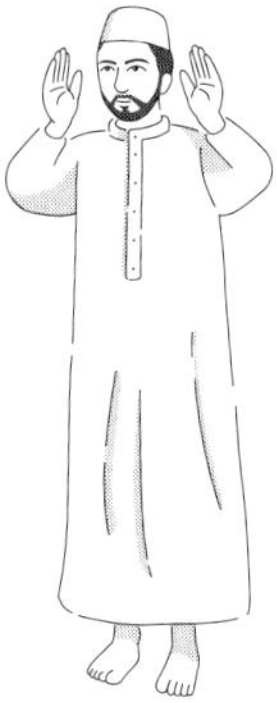

❷立ったまま、クルアーンの第一章と任意の一章を唱えます。

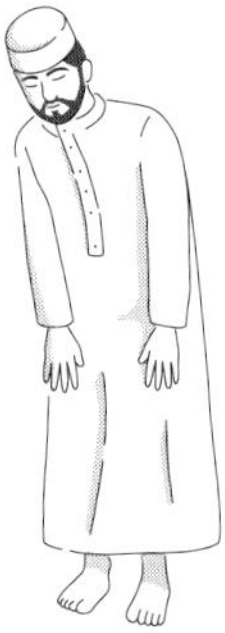

❸「アッラーフ・アクバル」と唱えながらおじぎのように上体をかがめます。
❹「スブハーナー・ラッビヤル・アズィーム（偉大なるアッラーに栄光あれ）」と三回唱えます。

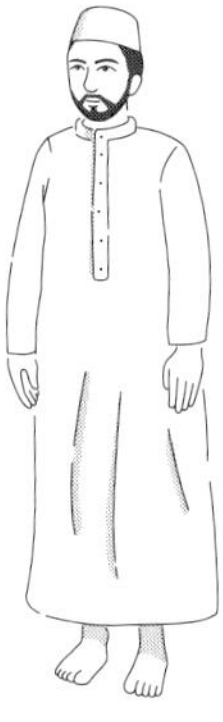

❺「サミアッラーフ・リマンハミダ（アッラーは、たたえるものを聞きたもう）」と唱えながら上体を起こす。上体を起こしたら「ラッバーナー・ラカルハムド（私たちの主よ、あなたにたたえあれ）」と唱えます。

❻「アッラーフ・アクバル」と唱えながらひざまずき、手を前について額と鼻を床につける（これをサジダという)。このとき、「スブハーナー・ラッビヤル・アアラー（至高なるアッラーに栄光あれ）」と唱えます。

❼「アッラーフ・アクバル」と唱えながらおじぎのように上体を起こします。

❽サジダをもう一回行います（ここまでの動作を一ラクアという)。五回の礼拝のうち、日の出町の礼拝は二ラクア、日没直後の礼拝は三ラクア、後の礼拝は四ラクア行います。
❾二ラクアの動作が終わった後、座ったままタシャッフドと呼ばれる信仰告白の言葉をアラビア語で唱えます。四ラクアの礼拝の時は二ラクア、タシャッフドをして立ち上がり、また二ラクアし、タシャッフドと祝福を祈願するアラビア語を唱えます。

❿座ったまま、まず右を向いて「アッサームアライクム　ワ　ラフマトゥッラー（あなた方に平安とアッラーの慈悲あれ）」と唱え、次に左を向いて同じ言葉を唱えます。

一か月にわたる断食の意味は、飢えを体験することにより、貧困者の苦悩を思うこと、普段の食事に対して神に感謝するためです。ラマダン月の開始前には食料品を買い込んで断食に備えます。これは、日中の断食が終わると家族や友人が集まり、ごちそうを皆で食べたり、ふるまったりするために用意するのです。マレーシア・クアラルンプールでは、中心地にあるホテルのラマダン・ブッフェも有名ですし、有力者の家では近所の人々を日没後の夕食会に招待することもあります。また、ムスリムにとりこのラマダンは重要な月という意味もあり、海外から故郷へ帰る機会でもあります。

断食は信仰心と意志力も向上させるといわれます。大相撲の力士で大砂嵐が断食を必ず行って相撲をとっていたことは有名です。二〇一四年の断食月と名古屋場所では、七月下旬の猛暑対策として水分補給をするように周囲から伝えられる中でも日中は食べ物をとらず、水も飲まず、土俵に上がって相撲をとると報道されていました。その姿は意志力を一層強固にし、信仰心を一層深くしているといわれました。

（五）巡礼（ハッジ）

健康で経済力のあるムスリムは、人生で一度メッカへの巡礼を行うべきであるとされています。

巡礼は、イスラム歴一二月に行われます。巡礼参加者は心身の清浄を意味する白い衣装を着ます。女性は民族衣装を着ていても良いとされていますが、圧倒的に白い衣装を着用しています。また、香水や宝石を身に付けることは禁じられています。

巡礼対象中心はカーバ神殿です。メッカに入り、このカーバ神殿を取り囲んでいる大モスクに進み、時計とは反対回りに七回カーバ神殿の周囲を行進します。その後、カーバ神殿の建立者といわれるアブラハムが立った場所で礼拝、悪魔の象徴とされる三本の石柱に向かって投石、ムハンマドが最後の予言をしたとされるアラファトの丘での祈りが続きます。巡礼の最後は、生贄の祝宴です。神からアブラハムが自分の息子であるイサクを生贄にするように命ぜられたことが所以であるとされています。結局アブラハムは神からイサクではなく雄牛を代わりに生贄にすることを許されたことにより現代の巡礼では、羊、山羊、ラクダなどを生贄に供されます。これら生贄にされる動物は、家族の生活や富にとり大変貴重なものであり、それを犠牲にすることを意味しています。その肉はその場で消費されるか、サウジアラビア政府が貧しい人に配給することになっています。巡礼を無事終えることは、ムスリム自身にとり大きな誇りを得ることになります。

コラム　イスラム圏の国旗には月と星

砂嵐が起こる砂漠地帯では、月や星が見えると安心感を得られたことから、その象徴として国旗に用いられるようになったのです。日中の暑さもやみ、砂嵐で前が見えなかった状態から、涼しくなり、月や星が天空に見える安堵感は大変貴重なものだったのです。

国旗に用いられる月は満月ではなく、三日月であるのは、断食（ラマダン）の始まりと終わりを示すのが三日月であるからです。

また、イスラム圏の国旗には緑色が多く見られます。サウジアラビアは緑色の背景に白色の文字、パキスタンやモーリタニアは緑色の背景に月と星が描かれています。これは、砂漠地帯にとり植物を連想させてくれるのが緑色だったからという説とムハンマドが緑色のターバンを着用していたからという説がありますが、どちらにしても重みをもったものです。

現代では、様々な変化でこれらの意味合いが大きく変化していることは想像に難くありません。

5　ハラールとハラーム

「ハラール」とはイスラム教の教えで許された健全な商品や活動であり、許されていないものは「ハラーム」といいます。ムスリムはハラールであると認められたもの以外の食べ物、飲み物は口にできません。その商品が認められたものであるか否かを示すものが「ハラール認証」というものです。「ハラール」は食品のみではなく、化粧品や医薬品などにも適用されます。ハラールと認められない食材は以下のとおりです。

・豚、猪、犬、蛇、猿、驢馬、騾馬
・かぎ爪や牙を有し、それで獲物を得る動物（ライオン、熊、虎、猫等）
・鷲、鷹、フクロウなどの捕食動物
・蜂、蟻、啄木鳥《キツツキ》などのイスラム教で殺すことを禁じられている動物
・鰐《ワニ》、蛙、亀などの水陸両方で生息する動物
・害虫、毒性を持つ動物や昆虫（ネズミ、ゴキブリ、サソリ等）
・不快なもの（蚤、シラミ等）
・毒性があり、人体に悪影響のある生物（ただし、ふぐ等、調理の際にそれらを取り除いた場合はハラールと認められる）
・イスラム法に基づかない方法で屠殺された動物
・遺伝子組み換え食品（ただし、毒性、泥酔性、健康に被害がなければ認められる）
・毒性、泥酔性、健康に害がある飲料
・アルコールを含む食品や飲料
・人や動物の血、糞尿、膿、胎盤、糞便、豚と犬の精子および卵子
・上記から派生する、または由来する食材および食品添加物

これらを除いたもの、使用しないものがハラール食材です。ただし、そこには前提があります。ハラールでない品を扱った調理器具を使用しないこと、非ハラールである食材や食品と

別のラインで処理、加工、輸送、保管されなければならないこと、ハラールと認められる肉類であっても、その屠殺方法を守らなければならないことが前提となっているという意味です。

これらに従い、食材を使用し、処理加工されたものであることを示すものがハラール認証です。ムスリムの人々はこの認証があれば信頼して製品を購入することができます。

コラム　クアラルンプール空港発日本行きの機内食、クアラルンプール空港内では

クアラルンプール空港を出発し日本へ向かう航空機に搭載される機内食は特別な依頼をしていなければすべてハラールです。インドネシアのジャカルタ空港発日本行きの機内食も同様です。人口の八七％がムスリムであるインドネシアも人口の六四％がムスリムであるマレーシアもケータリング会社の作る機内食はハラールなのです。

また、クアラルンプール空港内において、パスポートチェックを受ける前にあるレストランでは、アルコール飲料を販売している店は一店舗のみです。搭乗手続きをして荷物を預け、見送りの人とビールでもと思っても置いているレストランはありません。パスポートチェックを終えてその中にあるレストランまで行くとあります。

6　ハラール認証

(一)　ハラール認証の取得プロセス

ハラール認証を取得するまでの過程は、その認証団体により多少の相違はあります。日本国内で認証を取得する場合は、①申請、②書類審査、③工場や関係施設の監査、④製品の監査、⑤審議、⑥認証取得、というプロセスを要します。

海外の認証団体より取得する場合は②書類審査の後、手数料の納付をすることが求められます。

また、JAKIM（Jabatan Kemajuan Islam Malaysia）と称されるマレーシア・イスラム開発局（Department of Islamic Development, Malaysia）による認証の場合は、⑤審議のなかに国の機関であるハラール認証認可委員会の審議も課せられます。

その過程にて必要とされる書類は、国内認証団体による認証の場合であっても、海外認証団体による認証の場合であっても、会社・法人の登記書コピー、製品製造ライセンスコピー、決算書、製品のデザインやラベル等、製造生産工程表、事業所・営業所・工場の所在地一覧、原材料にハラールの材料を使用している場合はその証書、原材料にハラールの材料を使用していない場合は仕様書や成分分析表等、生産に関わる従業員・調理人または管理者でムスリムがいる場合はその身分証コピー、が必要とされます。

日本の認証団体のなかには、認証取得する企業内にイスラム教徒、もしくは非イスラム教徒でも認証団体の提供するハラール管理者トレーニングを修得し、ハラール管理者として就労していること、認証取得から二年以内にイスラム教徒の雇用をすることを認証取得の条件としている団体もあります。その場合は雇用契約書のコピーを提出することが要求されます。

（二）ハラール認証は世界共通ではない

ハラールであることの認証は、国がその機関を持っているマレーシアを除き、イスラム教の組織が行っています。世界で統一された機関はでないため非一元性といって、基準も認証マークも同一のものではありません。国により複数の認証マークが存在することがあります。

（三）日本におけるハラール認証とムスリム・フレンドリー認証

日本における認証機関は、①海外の認証機関より承認を受けた日本国内にある認証団体、②日本国内の宗教団体、③NPO法人、④株式会社、の四種の機関です。それぞれが基準をもち、認証マークを持っています。

日本のハラール認証

筆者撮影

また、日本においては、ハラール認証のほかにムスリム・フレンドリー認証という呼称の認証もあります。その認証対象は、①レストラン、宿泊施設、あるいは、サービスを認証対象とする場合、②レストランや宿泊施設を対象とし、全体ではハラール認証を取得することはできなくとも、部分的にハラール認証を取得できる場合、の二つのケースがあり、両方の場合とも、この呼称を使用しています。

このムスリム・フレンドリー認証という表現は台湾にも存在します。「Taiwan Halal Integrity Development Association」というイスラム協会が認証を発行しています。認証対象がレストランや食事提供施設であり、そのオーナーがムスリムでない場合はムスリム・フレンドリー認証となりますが、他の点はハラール認証と全く同一です。このようにハラール認証との違いは明確です。

(四) 日本においてムスリム用の食事を提供している場合の呼称

日本においてハラール認証やムスリム・フレンドリー認証を取得しているレストランや宿泊施設は、そのままそのハラール認証やムスリム・フレンドリー認証を積極的に開示しています。しかしながら、認証は取得していないが、ハラール食材を使用した食事の提供が可能であることなどを表す表現として、ポーク・フリー、アルコール・フリー、ムスリム・フレンドリー・メニュー、ムスリム・ウエルカム、などの表現が使用されています。

コラム　食材ピクトグラム

物事や行動などを絵文字やイラストで表現し、解りやすく表したものがピクトグラムです。宗教上や体質などの理由で食べられない食材や避けたい食材が使用されていないかをピクトグラムで示す取り組みが成田空港などでも行われています。それを見て使用食材を確認し、安心して食事をしてもらおうとしているのです。観光関連の施設でもぜひ利用してみてください。

二　文化感、生活感

1　イスラム教徒の生活基盤

ムスリムの生活や文化は、すべてがイスラム教の教えに基づいたものであり、イスラム法が規範となっています。その規範は大きく二範に分かれています。一つはムスリムとして神に仕える規範であり、礼拝、喜捨、断食、巡礼などです。もう一つは、人間社会における権利や義務に関するものであり、倫理的な規範です。それには、婚姻、離婚、相続、刑罰などの規範が含まれます。

2　ムスリムのすべての拠りどころはコーラン

イスラムとは神への服従と帰依を意味しています。それはムスリムとして生活していくうえで、日々の生活と離れたものとしてあるのではなく、生活の中にあるものなのです。それは、神の意志のもとでの生き方をすることであり、それが正しく生きる、正しく生活するということなのです。

正しく生きるとは神の命令や禁止により知らされるものであり、アッラーがお決めになるものであります。アッラーは最後の審判の主宰者であり、人間自らが正しいと思っていることが神の目からみても正しいとは限らないので、人間が正しさの拠りどころとするものはムハンマドが啓示として伝えた神の言葉であるコーランであります。

3　コーランとムハンマド

ムハンマドは預言者といわれます。預言者とは神の言葉を預かった者という意味です。イスラム教ではムハンマドは最後の神の預言者で、ムハンマド以後の予言者は認めないのです。その神の言葉、神の意志を記されているのがコーランなのです。

ムハンマドが四〇歳になったころに天使ガブリエルを通じて神の啓示を受けて預言者となりました。その神の啓示を受けたのは六一〇年であり、その後、六三二年に没するまでの間にカリフ、アブー・バクルなどが書に編纂していったものがコーランであります。コーランは一一四章に分かれて、宗教的なことばかりではなく、経済、社会、政治、文化、道徳などの生活のあらゆる面にわたって記されています。それがムスリムのすべての拠りどころになっています。

また、ムスリムが大切にしているものがもう一つあります。それはハディースといいます。コーランは神の啓示ですが、ハディースはムハンマド自身が語ったものです。

コラム　イスラム伝統美術、文学と映画

イスラム教では偶像崇拝は禁止されているため、他の宗教にあるような神や仏の姿を描いた宗教絵画は存在しません。しかし、神の偉大さや無限性を表現するものを残しています。アラビア文字のカリグラフィーと幾何学模様の連続するアラベスクであります。また、書物の挿絵として書かれた細密画もその精緻さで目をみはる美術です。

また、イスラム教の国々では二人のノーベル文学賞作家が知られています。一九八八年に受賞したエジプトのナギーブ・マフフーズと二〇〇六年に受賞したトルコのオルハン・パムクです。

さらに、イスラムの世界を描いた映画では、イギリスの「アラビアのロレンス」（一九六二年）やサウジアラビアで初めての女性監督の作品である「少女は自転車に乗って」（二〇一二年）など多くの作品があります。

4　男女観と一夫多妻

（一）男女観

イスラム社会では男女別々の世界であるかのように思われがちであります。集いの場でも男性の場と女性の場で分かれていたり、住居の中や乗り物の中でも男女が別席であったりすることもよくあります。これらは女性を男性より低いものとしてみなしているからではないといわれます。

同じように、コーラン四章三四節に「男は女より優位にある。アッラーはおたがいの間に優劣をつけられたのである。また、男が金を出すからである。」とあるから、イスラム社会では男尊女卑であり、女子より男子が上にあるとしばしばいわれます。

しかしながら、この意味するところは、男性の女性に対する社会経済的な責任に基づいたものであり、女性が上に立てないといっているのではないのです。生活に必要なお金は男性が出すからであり、すべて男性が優先されていることを意味している訳ではないのです。

歴史を見ても、インドネシア大統領メガワティ・スカルノプトリ、トルコ首相タンス・チルレル、バングラデシュ首相シェイク・ハシナとカレダ・ジナ、パキスタン首相ベナジール・ブッドは、女性であります。

(二) 一夫四妻

イスラム圏では男性は四人まで妻を持てますが、それは女性蔑視によるものではありません。未亡人となった女性の救済という意味合いから由来すると言われています。また、複数の妻に対しては平等にすることは守らなければなりません。

イスラム教の四人妻規定では、もし妻を公平に扱うことができないならば、一人だけとせよ、とされています。在クウェート大使館書記官の方も「一夫多妻制と聞くと男尊女卑の象徴の様なイメージを持たれる方がいらっしゃると思いますが、当初は戦争で未亡人、母子家庭が増えるなど結婚できない女性を救うための制度として導入されたという説が有力です」と外務省の声「何でもレポート」で上げられています。

最大四人まで同時に結婚できるということで、多妻制度だから何人でもいいということではありません。あくまでも四人までで、五人目と結婚したくなった場合は、四人の妻の誰かと離婚する必要があります。そうすれば再度結婚できます。

日本人男性が、一夫多妻が認められている国で合法的に複数の妻を迎えることができるものかどうかというと、配偶者の国籍や特定の宗派への改宗などの一定の条件付きではありますが、日本人男性も合法的に複数の妻を持つことは可能です。マレーシア人女性と婚姻する場合を例に取ってみると、マレーシアは各人の宗教および民族によって適用される家族法が異なる国なので、相手がイスラム教徒だとして、仮に日本人男性がムスリムに改宗し、日本以外の国でマレーシア人と婚姻する場合に適用される法律は連邦直轄領・イスラム家族法に基づき規定されます。それは、婚姻要件の一つとして夫となる者に四人以上の妻がいないことと されており、夫については重婚が認められるということになります。

当該重婚的婚姻はマレーシア法上有効とはなるものの、日本民法では、重婚は禁止されていますので、日本では認められないということになります。しかし、古い判例になりますが、海外においてなされた日本人男性とマレーシア人女性との重婚的婚姻を日本の戸籍事務に届出た場合、取消原因はあるが、報告的婚姻届出の受理を拒むことはできないと考えられ、取り消されるまでは有効な婚姻であることから、その夫婦から生まれた子については嫡出子として問題なく出生届出ができることになります。

5　ムスリムの結婚、離婚、子の親権

(一) 結婚

ムスリムの男性はキリスト教またはユダヤ教の女性と結婚できるが、ムスリムの女性はムスリムの男性としか結婚できないとされています。結婚式は、キリスト教の牧師にあたる人はいないので、イスラム法を知る人であれば誰でも執り行うことができます。また、結婚式の場所も当事者が決めることができます。もし、モスクで行う場合は、アラビア語で「指導者」、「模範となるべきもの」を意味するイマームが執り行うことになります。

結婚時には、男性から女性に支払われるマフルといわれる結婚契約金の額、および離婚の際に支払われる額も取り決められます。マフルは現金だけでなく物品や不動産などでもよいとされています。

(二) 離婚

離婚についてはタラークというイスラム法上、最も一般的な離婚形式で、夫のみが有する離婚宣告権があります。「タラーク、タラーク、タラーク」と三回続けて宣言すれば、即時離婚が成立することになります。

イスラム教では、離婚理由として、性格の不一致、虐待、不公正、姦通、精神異常が認められています。女性からも離婚手続きを開始することはできるとされていますが、宗教民間法廷の歴史的背景である男性優位から、女性からの手続きを進めていくことは難しい状況が多く、離婚状態の維持が続くことになる場合が多いといわれています。

(三) 子の親権

親が離婚した場合、七歳未満の子は母親に託されます。男の子の場合で、七歳以上の子は父親と母親のどちらかを選択しますが、女の子の場合は、母親に育てられます。

6　女性の着衣

イスラム教の国々や世界で着られている女性の服装は国、地域、宗派などにより違いがあります。ムスリム女性は慎み深く振る舞い、夫や子どもなどの身近な者以外に美しいところをやたらに見せてはならないという意味から身体の線が表されないように、ゆったりしたヴェールで身体を覆うのです。現在、世界中で使用されている女性の服装は以下のものがあります。

ヒジャブ：スカーフ状の布で頭髪が見えないように隠しています。
チャドル：イランに多い服装であり、顔だけは出しますが、体全体は隠します。
ヒマール：ヒジャブより隠す範囲が広がり、背中まで覆い隠すようなっているものです。
アバヤ　：アラビア半島で伝統的に着られています。黒い布で目と手足の先以外をすべて見えないように隠しています。
ニカブ　：体のなかで目だけは見せ、色は黒が多いです。
ブルカ　：アフガニスタンで用いられているもので、目の部分も網状になっていて体全体が完全に隠れているものです。
ブルキニ：近代になってから登場したムスリマ向けの水着で、イスラム教の戒律に合うように全身を覆うタイプの水着になっています。

イスラム教の女性の着衣をめぐって、フランスでは教会と国家の分離の原則（政教分離原則）、すなわち、国家の宗教的中立性・無宗教性および（個人の）信教の自由の保障を表すライシテの観点から着用が禁止されることになっています。

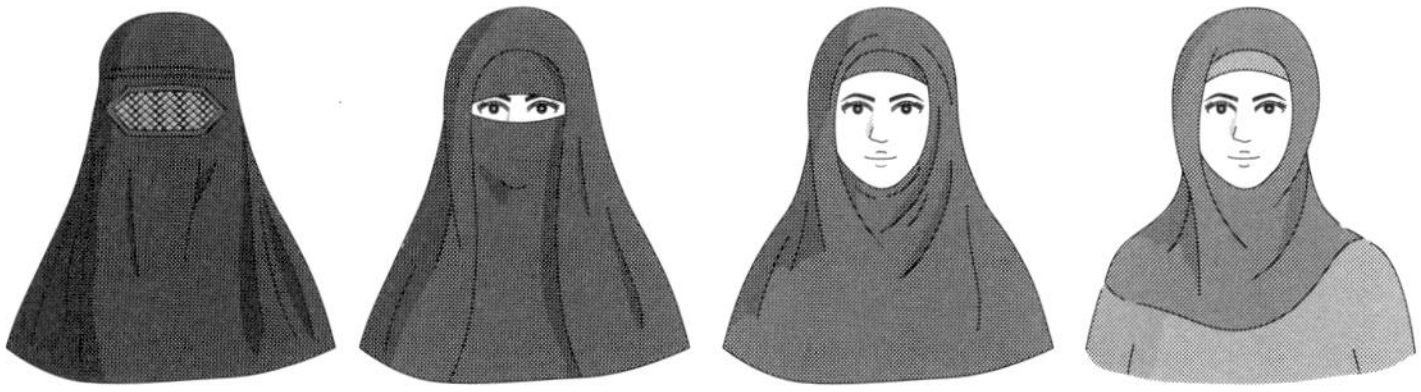

ブルカ　ニカブ　チャドル　ヒジャブ

女性イスラム教徒の服装の種類

二〇〇四年以降、ムスリム女性のスカーフは公共の場での着用は許されていますが、公立の学校では着用が禁じられるようになっています。違反者には一五〇ユーロの罰金が課せられます。また、二〇一六年、複数のフランスの地方自治体が、イスラム教徒の女性が全身を覆う水着のブルキニを禁止して論争が起こりました。この禁止措置は後に、行政裁判の最高裁にあたる国務院が、信教と個人の自由という基本的自由を深刻かつ違法に侵害すると判断し、凍結を命じたため現在は着用が禁止されていません。

他のヨーロッパの国でも同様な法が制定されています。オーストリアでは、二〇一七年一〇月以降、ニカブやブルカで公共の場で顔を覆うヴェールの着用が禁止されています。違反者には一五〇ユーロの罰金が課せられます。オランダでは二〇一九年八月以降、学校や病院、公共交通機関では、ブルカやニカブが禁じられています。違反者への罰金は一五〇ユーロです。

スポーツ競技の世界でも問題が起こっています。二〇一四年九月、韓国仁川にて行われたアジア大会の女子バスケットボール競技でのことですが、カタール代表チームがヒジャブの試合中の着用を禁じられたため、モンゴルとの対戦を放棄した事件が起こりました。

また、二〇一八年一〇月にはインドネシアで開催されたアジア・パラリンピック大会の柔道競技でインドネシア人女子選手がヒジャブを着用したままの対戦を認められないとされたため不戦敗となってしまった事件が起こりました。国際柔道連盟の規定では、長い髪は対戦相手の迷惑とならないように束ねること、頭部は医療目的で使用される包帯やテーピング以外で覆ってはならないこととされています。そのためこれをインドネシアの女子選手に伝えたのですが取ることを拒否したためこのようなことになったのが事の次第です。

7　男性の着衣

男性は臍と膝の間はすべて覆い隠されていなければなりません。やはり、国や地域によりその服装の違いはあります。中東地域の国々では、カンドゥーラやディスダーシャと呼ばれる着衣が着用されています。

カンドゥーラやディスダーシャと呼ばれる着衣は、白いロングワンピース状のもので首から足首まで覆うものです。頭にはスカーフ状のグドラをかぶり、それを黒くて硬いロープ状のバンドのイガールで固定しています。一般的にはサンダルを履いていて、カンドゥーラ専用のサンダルも売っていますが、スニーカーやビジネスシューズを履いている人もいます。これらのカンドゥーラやディスダーシャと呼ばれる着衣は、禁じられた絹ではない素材が用いられています。これらに用いられる生地の「トーブ（Thawb）」のうち、五〇％は日本製で占められているそうです。

8　お金、利子の禁止、イスラム金融

（一）お金について

イスラム教では、商業活動や経済活動は認められており、利潤追求も認められています。

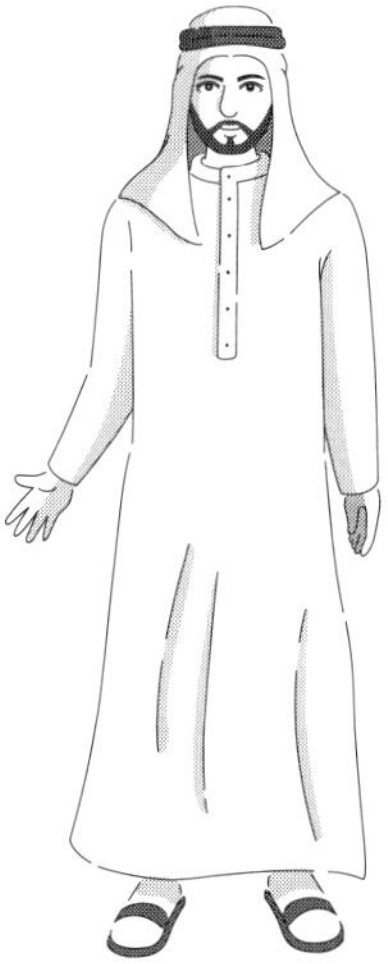

「ディスダーシャ（Disdasha）」または「カンドゥーラ（Kandura）」と呼ばれる男性着衣

ただし、富の蓄積によって貧富の差が拡大されるより、活用されることが望まれています。そのため喜捨や利子の禁止などが決められています。

（二）利子の禁止

イスラム教では利子は不労所得であ

り禁止されています。メッカは商業都市であり経済活動はイスラム共同体の発展のために必要であるとされています。しかしながら、自己が労したものではなく得られる利益、投機的な行為は、イスラムの精神に反するものであるとみなされています。

コーランにもアッラーは商売をお許しくだされたが、利子を取ることはお許しなられていないと記されており、利子は禁じられています。イスラム金融では、利子はリバー（Riba）といわれハラールではなくハラームなのです。観光業界の皆さんがムスリム観光客の受け入れ関連で利子を発生させることは避けてください。金銭貸借などが発生した場合は気を付けなければなりません。

預言者ムハンマドの時代の高利拡大が社会的な弊害を生んだことから禁止されたといわれています。この利子という意味は、不労所得から得る利益のすべてであり、労働によらない利益は他人の財産の搾取にも通じるものであり、イスラム教の基本精神に背くものであるとされています。

（三）イスラム金融

自分で働かないでお金を動かすだけで利益を得ることは良くないという考え方から、イスラム教の国では、企業が銀行からお金を借りて工場を建てたり、人々が住宅ローンを利用して家を買ったりするということができないことになります。そこでイスラム諸国では、イスラム金融とも呼ばれる独特の金融のしくみが考案されて運用されています。例えば工場を建てるという場合、まずイスラムの銀行が建築資金を肩代わりして工場を建てます。そして、分割払いのかたちでそれを企業に売り払うのです。銀行にとっては建築資金と売却代金の差額分が利益になります。日本の金融業者でいうと、リース業やクレジットカード業などのしくみに似ています。お金を貸すのではなく、モノの代金を肩代わりするやり方です。

イスラム金融の仕組みは、大きく分けてムラバハとムダラバという二つの仕組みがあります。

ムラバハ（murabahah）という仕組みは、イスラム金融取引の大多数で利用されている仕組みです。実際の実物取引は、そのお金のやりとりを銀行が仲介します。利子ではなく手数料を得るというものです。自動車の例で見ると、通常は、購入者が自動車会社等から車を購入し、銀行からローンを借りて銀行に利息をつけて返すという仕組みですが、イスラム金融で車を購入する場合は、購入者・自動車会社・銀行でそれぞれ売買契約を結び、銀行が自動車を購入。手数料を乗せて購入者へ販売。購入者はその料金を銀行に支払う、という仕組みです。

ムダラバ（mudarabah）という仕組みは、出資者が事業者に対して出資を行い、事業者はプロジェクト等に投資を行い、そこから得られた利益を分配するものです。配当のような感じです。イスラム教でも利子は禁じられていますが、投資の結果生まれた利益を出資者がその配分により得ることはできるとされていますので、この仕組みが許されています。

9　学び

（一）学校教育

マレーシアの学校教育についてみてみると、初等教育六年、中等教育は前期三年と後期二年で計五年、大学予備教育一年から一年半という制度になっています。その後、進学希望者は大学へ進むことになりますが、入学は難関で大学進学率は五％くらいしかありません。

（二）イスラム教を学ぶ

イスラム社会の一般的な子どもたちは、四歳くらいから各地域のモスクや町にあるコーラン塾に行き、コーランの章句を暗唱し始めます。コーラン塾とは、イスラム教徒による寄付でまかなわれているものです。

一一歳くらいで、コーランの一一四章をすべて暗唱できる子どもが現れてくることもあるといわれています。

小学校に入ると授業でコーランの授業があります。もちろん、中学校や高校でもこのコーランの授業はあります。この授業では、コーランとイスラム法を学びます。大学に入ると希望者はサークル活動団体のコーラン研究会に入る人もいます。このようなサークルは、イスラム原理主義を学び、活動するイメージです。

10　イスラム暦、一週間

イスラム暦の一週間は土曜日から始まり金曜日に終わります。ただし、現代は、そのイスラム歴カレンダーだけではなく、西暦の月曜日から始まるカレンダーを使用したり併用したりと様々です。

イスラム教の一年も一二か月です。違うのは、一か月は二九日または三〇日であり、新月を確認して次の月になるとされていますが、新月が目視できなくとも三〇日が過ぎれば次の月になります。この新月の目視はそれぞれの地域でなされるとされ、ある国が次の月に移っても、ある国は新しい月に移らないということも起こります。

金曜日は集団礼拝する曜日であり、週の最終日であるため、マレーシアでは州により土・日曜日が休日ではなく、金・土曜日が休日とされている州があります。日本からも多くの観光客が訪れるマレーシアのランカウイ島があるクダ州では、金曜日と土曜日が休みとなっています。しかしながら、銀行などは金曜日に一部担当者を配備しているのがよく見られます。

11　死、葬儀、相続

（一）イスラム教の葬儀や死に対する考え方

イスラム教での埋葬は復活の日のために土葬で行い、火葬は厳禁です。イスラム教においての死は、人生の終わりという意味ではありません。通過点なのです。来世を現生よりよく生きるために、現世で神に忠実に生きたいと考えます。アッラーの審判により再びこの世に甦ると考えられています。そのため、亡くなった人の遺体は土葬にします。火葬にしてしまうと、復活のための肉体がなくなってしまうため、そう考えられています。

イスラム教の葬儀には、非ムスリムは原則的に参列できません。また、イスラム教では「死」は天国へ行く準備期間のようなもので、泣いたり悲しんだりするのも好ましくないとされています。

（二）相続

女性の相続権は男性の半分です。これは、結婚した女性は夫の同意なしでも自分の所有物や財産を使え、家計に必要な費用は夫が負担するからであるといわれています。

12　モスク

モスクはアラビア語でマスジトといいます。成人男性の場合は金曜日の昼の礼拝はこのマスジトで行いますが、女性の場合は本人の意思次第です。

金曜日の昼以外の礼拝については、集団で、モスクで行われることが好ましいですが、一人で、モスクではなく職場や家の中で行っても良いとされています。

金曜日の昼の礼拝がモスクで行われることに合わせ、クアラルンプールにある日系企業は、金曜日の昼休み時間を他の曜日よりも一時間長くして二時間としている企業が通常です。

モスクは単に礼拝する場所であり、偶像崇拝を禁止しているイスラム教ですので、モスクの内部に神の像があることはありませんし、祭壇もありません。ただメッカの方向を示しているもの、説教壇、コーランを置くための書見台があることが普通です。また、モスクの入り口などに礼拝前の清めを行う水場や礼拝時刻を示す尖塔が設けられていることも多いです。

ドーハ市内　モスク

三　ムスリムの人々を知る

1　ムスリムの人の考え方や習慣は皆同じではない

イスラム教も国や地域により宗教的な習慣が違っています。世界で一番厳格なイスラム教国はサウジアラビアで次に厳格な国はマレーシアであると言われています。国、地域、個人により違いがありますが、信じている心は同じでもその表し方が違っているだけという理解をしてください。

国や地域により違いが出ている一番の例が、休日です。土・日曜日を休日とせず、イスラム教の教義により金・土曜日を休日としている国や地域があります。イスラム教の国、あるいはイスラム教が多数を占める国であるから必ず金・土曜日が休みと定めているとは限らないのです。

2　ムスリムの人々は日本人と同じで優しい人が多い

ニュースで中東の紛争のことがたびたび報道されますが、実際にムスリムの人々にお会いすると好印象を抱くことになると思います。実際に私がインタビューさせていただいた方々から受けた印象はとても良いもので、優しい方々でした。皆様もきっと同じ印象を持たれると思います。喜捨（ザカート）のことをみればお分かりの通り、弱者に援助する精神を持っているのがイスラム教です。皆が過激派ではありませんので、過激なイメージを持たないでおもてなしをしていただきたいと思います。

3　ジハード（聖戦）、IS

ジハードは聖戦と訳されています。ジハードというのは元来「努力」、「奮闘」という意味ですが、コーランに神の道において奮闘に努めなさいと示されていることが、その源になっているといわれます。この語源であるjahada（ジャハダ）が目標に向かって奮闘、努力するという意味から異教徒との戦いという意味でも使われているため、非イスラム教徒との戦いをも表現するということに転じたといわれます。

ずっと後に背教者を断罪すること、西欧列強の国々に対抗すること、イスラム教国諸国の間の紛争などもジハードであると解釈するイスラム教徒も現れて、イスラム法による統治を武力で行う主張が起きてきたのです。

その主張をしている顕著なものが、イラク・シリアでの国家樹立を目指すという主張をしているイスラミック・ステート（IS: Islamic State）、西側の国々へテロを主張するアルカイダ、アフガニスタンの反政府組織タリバンなのです。多くのムスリムは、これらの主張がイスラムの教えへの無知からくるもので、本来イスラム教では人間を虐待することは禁じられていることを理解していないと言っています。

また、聖戦は正しい行為だと主張しているムスリムは、イスラム教では自殺はハラーム（許されないもの）であるが、聖戦による自爆はハラール（許されるもの）であり、聖戦による自爆は天国に行けると主張しています。

4　飲酒

イスラム教では、あらゆる有害なもの、あるいは有害性のあるものはすべて飲食禁止です。それゆえ、イスラム教ではアルコールに対して、その摂取を禁じています。アルコールは精神と身体に悪影響を及ぼし、思考を鈍らせ、病気の原因となり、富を浪費させ、個人・家庭・コミュニティを破壊するからです。

ただし、イスラム原理主義の勢力の及ばないトルコ、欧州の中のアルバニアやボスニア、インド、中央アジアなどでムスリムの公然とした飲酒文化が存続しています。特に中央アジアの遊牧民にとって、馬乳酒は生活に欠かせないお酒となっています。それでも公式行事での飲酒は避けることが多いです。これらの事実があるからといって、あるいは、アルコールにより酩酊することが害であるから酩酊しなければいいのではと考えることは、ムスリムにはないと思っておいてください。一部の地域の歴史的文化であると考えておいてください。飲料用のアルコールは避けますが、工業洗浄用アルコールや、手指の消毒用のアルコールまでも避けようとする人の割合はほぼゼロと考えられます。

また、発酵過程で自然にアルコールが醸造されるしょうゆや味噌などの発酵食品に関してはハラーム（許されないもの）です。その発酵を抑えたものがありますので、それを使用することになります。

イスラム教で飲酒を禁じる理由をもう少し詳しく述べると以下の通りです。

・酒は身体と精神に悪影響を及ぼす。大量にお酒を飲むと、思考力が著しく低下する、急性アルコール中毒により最悪の場合には死に至ることもあるという理由から、「精神」と「体」への悪影響を問題視し、イスラム教では酒を禁じています。精神に異常をきたしている状態では礼拝の際に神に対する信仰心を忘れてしまったり、預言者の言葉を理解できないことが起こったりする可能性があるため、そのようなことがないようにしなければなりません。信仰に悪影響だということだからです。

・アルコールの飲酒は病気の原因となる。酒は、ときには薬として用いられることもありますが、過剰に摂取することで身体に悪影響を及ぼします。先に述べたような急性アルコール中毒は最も性急に表れる症状ですが、そのほかにも消化管を傷めたり、肝機能障害や腎臓障害になったりしてしまうこともあります。
・酒は富を浪費させる。アルコールの依存性がその極端な例ですが、常時酒を欲するようになります。
・酒は悪事を働かせる。酒に酔って富を失ったり、判断力や良心の低下から悪事を働き、社会的秩序が乱れることが起こったりすることがないようにするため、イスラム教ではアルコールの飲酒を禁じています。

5　喫煙

イスラム教では麻薬性のあるものは禁止されていますが、喫煙は禁止されてはいません。イスラム法において禁煙について記されていないからです。ですからムスリムのなかには喫煙者もいます。しかしながら、喫煙は依存性のあるもので健康被害を与えるものであり、他者に受動喫煙として害を与えてしまうことから嫌う方が多くいます。

6　目には目を、歯には歯を

イスラム社会では仕返しや報復を是認しているのではないかということを表現して、目には目を、歯には歯をという言葉を聞くこともあると思います。それは、コーランにある、「われはかれらのために律法の中で定めた。生命には生命、目には目、鼻には鼻、耳には耳、歯には歯、凡ての傷害にも、同様の報復を。しかしその報復を控えて許すならば、それは自分の罪の償いとなる。アッラーが下されるものによって裁判しない者は、不義を行う者である」ということが記されているからです。しかし、実際のイスラムの刑法では、殺人や傷害が故意の場合、遺族は相手に同様の苦痛を与える復讐刑である「キサース」と殺人犯や傷害犯が遺族に支払う刑罰としての賠償金のことである「ディーヤ」のうちいずれかを選択できるとされています。しかし過失の場合は「ディーヤ」しか求めることができません。

殺人犯に対しての金額は「ディーヤ」で一番高く、傷害犯に対しての「ディーヤ」は傷害の程度に応じて、殺人犯に比べて少ない金額を課すことになっています。また、被害者が女性の場合、被害者が男性である場合と比べて「ディーヤ」の額は半分になるとされています。イスラム法では金銭に関して一般に女性は男性の半分と考えられているため「ディーヤ」における男女での差が生まれます。

7　美容、理容

イスラム圏の中東諸国では、イスラム教の教えに従って、美容院や理容などのヘアーサロンはすべて男女別々に分かれています。

女性は身内以外の男性に髪の毛を見せてはいけない教えのため、当然といわれれば当然ですが、外からは全く見えないようになっています。

男性用の理髪店の場合は、日本と変わらず外からも中が見えるのが普通です。またその店で働いている人たちもすべて男性です。

ショッピングモールや高級ホテルに欧米スタイルのヘアーサロンが入っている場合は、美容院、理容店とも地元の店とは違い外観も明るい感じですが、これらの店でもお客は男女別々に分かれます。

女性用の美容院では、髪のカットは当然ですが、ネイルケアから始まり、メイク、ボディーマッサージ、フェイシャルケア、体毛除去など、一通りのサービスが受けられるのが普通です。

体毛については女性ばかりではなく男性も処理します。男女とも脇と下半身は処理しますが、男性の場合、胸毛はそのままです。スーパーマーケットに行くと脱毛クリームや脱毛用テープなどが売られていますが、ヘアーサロンで処理しない男性の場合は自分で処理することになります。

コラム　あいさつ

ムスリムの挨拶は「アッサラーム・アライクム（あなたに平安がありますように）」というのが一般的です。この挨拶は一日中使われます。返答は「ワ・アライクム・アッサラーム」と言います。アラブの国々では男性同士で頬をくっつけ合い、さらにキスをすることもありますが、イスラム圏の国々全体がそのようにするということではありません。また、男女間では不適切です。

第2章　ムスリム・インバウンド

主な国のムスリム人口

（単位：万人）

マレーシア	1810	ベトナム	16
中国	2469	シンガポール	73
ウズベキスタン	2655	台湾	1
フィリピン	515	韓国	10
アフガニスタン	3133	香港	13
トルコ	7133	タイ	377
イラン	7357	オーストラリア	54
バングラデシュ	13354	アメリカ	277
インド	17619	イギリス	1322
パキスタン	16741	フランス	471
インドネシア	20912	ロシア	1429
カンボジア	28	ドイツ	476

出典：Pew Research Center's Forum on Religion & Public Life（2010）より筆者作成

一　これからのインバウンド観光客としての重要性

1　世界の四人に一人がムスリム

世界全体のムスリム人口は約一六億人といわれ、世界の人口全体の二三・二九％を占めています。米国ワシントンに本部を置く調査研究機関のPew Research Center's Forum on Religion & Public Life の Mapping the Global Muslim Population によれば、地域別にはアジア・太平洋地域にムスリム人口が最も多く約一〇億人で、世界のイスラム人口の六一・九％と六割を超えています。中東・北アフリカでは三億人でイスラム人口全体の二〇・一％、サハラより南のアフリカ地域が二・四億人でイスラム人口の一五・三％、ヨーロッパ地域と南北アメリカ合計では四三〇〇万人で二・七％となっています。

国別にみるとイスラム教徒を抱える最大の国はインドネシアであり、二億人のイスラム人口を抱えています。次はインドで一・八億人、続いてパキスタンの一・七億人、バングラデシュの一・三億人となっています。

また、二〇一〇年の主な国のムスリム人口は表の通りです。

2　世界のムスリム人口予測

アメリカの調査機関 Pew Research Center が二〇一〇年から二〇五〇年の間の世界の主な宗教別人口の変動予測をしています。宗教人口をキリスト教、イスラム教、ヒンズー教、仏教、伝統宗教、その他の宗教、無信仰の八つに分類して発表しています。それによると、キリスト教一三五％、イスラム教一七三％、ヒンズー教一三四％、仏教一〇〇％、伝統宗教一一一％、その他の宗教一〇六％、無信仰一〇九％の伸び率と予測しています。

また、同調査では日本の宗教別人口も予測しています。それによると、二〇一〇年の日本の宗教別人口と比率は仏教徒四五八二万人（三六・三％）、キリスト教徒二〇三万人（一・六％）、イスラム教徒二〇万人（〇・二％）、二〇五〇年の日本の宗教別人口と比率は仏教徒二七〇三万人（三八・四％）、キリスト教徒一五七万人（二・〇％）、イスラム教徒三一万人（〇・二％）です。

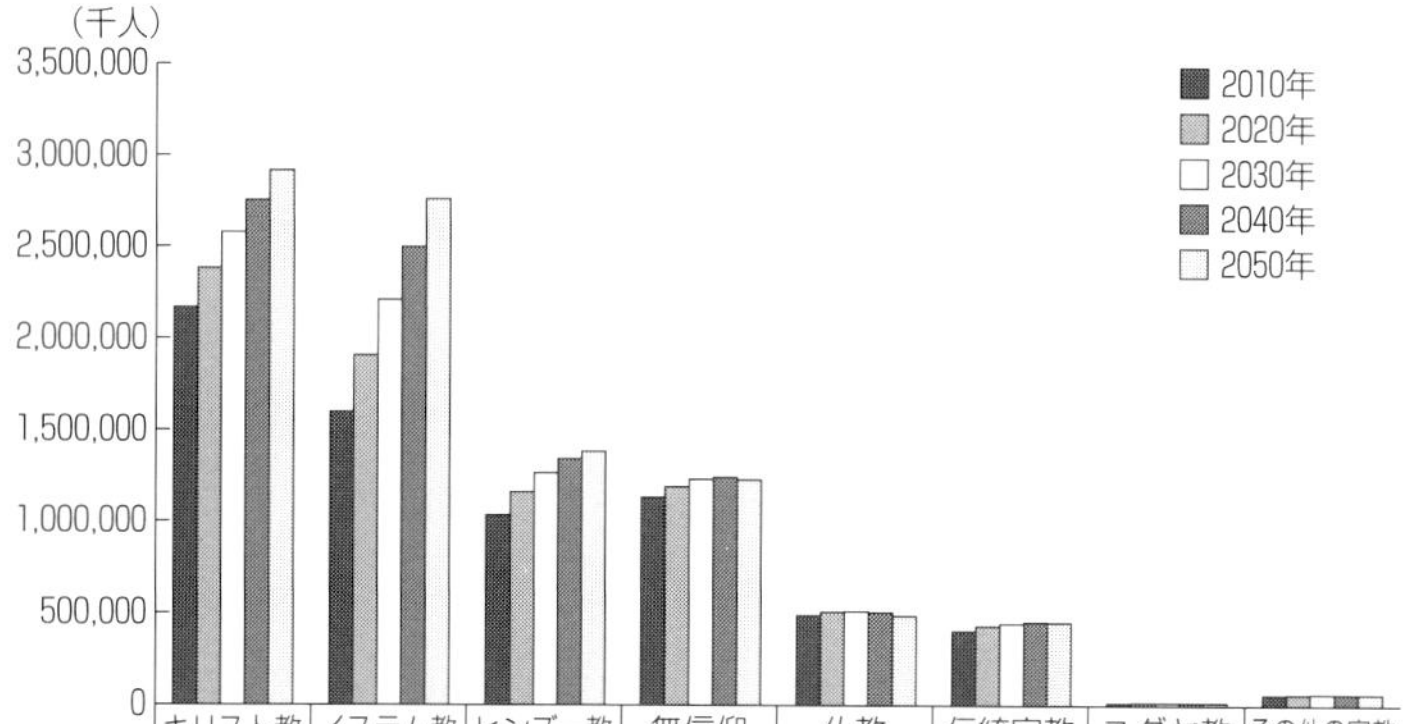

	キリスト教	イスラム教	ヒンズー教	無信仰	仏教	伝統宗教	ユダヤ教	その他の宗教
2010年	2,168,330	1,599,700	1,032,210	1,131,150	487,760	404,690	13,860	58,150
2020年	2,382,750	1,907,110	1,161,440	1,193,750	506,990	429,640	14,660	60,990
2030年	2,578,790	2,209,270	1,267,290	1,233,020	511,300	445,490	15,260	62,490
2040年	2,756,390	2,497,830	1,342,680	1,244,190	503,940	451,910	15,700	62,550
2050年	2,918,070	2,761,480	1,384,360	1,230,340	486,270	449,140	16,090	61,450

世界の主な宗教別人口の変動予測

出典：Pew Research Center's Forum on Religion & Public Lifeより筆者作成

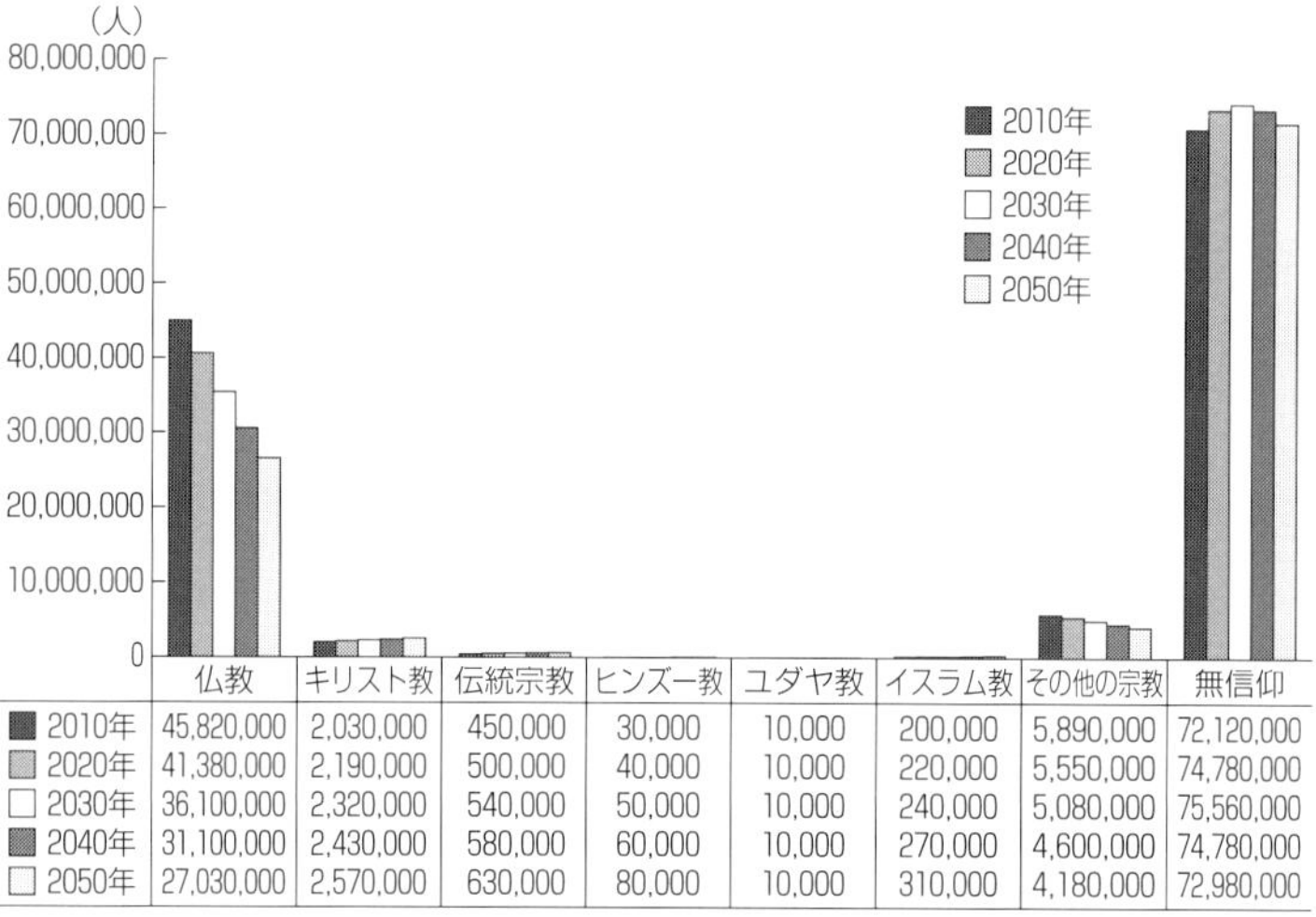

	仏教	キリスト教	伝統宗教	ヒンズー教	ユダヤ教	イスラム教	その他の宗教	無信仰
2010年	45,820,000	2,030,000	450,000	30,000	10,000	200,000	5,890,000	72,120,000
2020年	41,380,000	2,190,000	500,000	40,000	10,000	220,000	5,550,000	74,780,000
2030年	36,100,000	2,320,000	540,000	50,000	10,000	240,000	5,080,000	75,560,000
2040年	31,100,000	2,430,000	580,000	60,000	10,000	270,000	4,600,000	74,780,000
2050年	27,030,000	2,570,000	630,000	80,000	10,000	310,000	4,180,000	72,980,000

日本における宗教別人口変動予測

注：ユダヤ教徒の10,000は、10,000未満を意味している

出典：Pew Research Center's Forum on Religion & Public Lifeより筆者作成

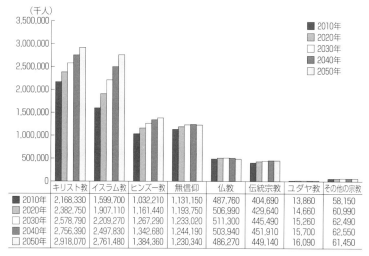

イスラム経済圏の市場規模

	総計	フード	モデスト・ファッション	メディア&レクリエーション	医薬	化粧品	金融
2018年（ドル）	2兆2000億	1兆3690億	2830億	2200億	920億	640億	2兆5240億
2024年予測（ドル）	3兆2000億	1兆9720億	4020億	3090億	1340億	950億	3兆4720億
年平均伸率（%）	6.2	6.3	6.0	5.8	6.5	6.8	5.5

注：ドルは米ドル
出典：Global Islamic Economy Report 2019/20より筆者作成

3　イスラム経済圏の市場規模

Dinar Standard の Global Islamic Economy Report 2019/20 によると、全世界のイスラム経済圏の市場規模は、二〇一八年に二兆二〇〇〇億米ドルまで成長しており、二〇二四年には年平均六・二％伸び三兆二〇〇〇億米ドルに達すると予測されています。

旅行市場の規模は後述しますが、食の市場などばかりではなく、モデスト・ファッションと呼ばれる肌の露出や肢体の線が見えるような装いを控えるファッションの市場も年平均

ドーハのショッピングセンター

ドーハ市内の市場
「スーク・ワーキフ」

六％以上の伸びが予測されています。

コラム　日本の商品をイスラム圏で販売する工夫

日系企業がイスラム圏の国々で製品を販売する場合、ハラール認証を取得したうえで販売する方がやはり安心です。

▼中東の国で人気のクッキーはハラール認証を取得していなくても売れていますが、それは稀有な例です。

▼インドネシアで製造販売していた調味料の製造過程の材料に豚由来のものが使用されているのではないかという騒動が起こりました。ハラール認証を取得していたこの調味料にはハラール認証マークが印字されており、なぜこのような事態が勃発したのか疑問でした。これは、待遇関係に不満を持った労働者からの情報が騒動の発端だったのですが、すぐに落ち着きました。

▼マレーシアで製造販売していたハラール認証取得済みの調味料にも事件が起きました。その商品に印刷されている日本の会社のトレードマークは人形状のもので背中に羽がありました。これが天使のように見え、偶像崇拝を禁止する観点から疑義を持たれたためです。そこで、その人形状のマークからその羽を取ったマークに変えて販売するようにしました。もっとも現在は、そのマークが天使ではないということが一般に広まり、羽を取ったマークを印刷した商品と羽の付いたマークが印刷されている日本からの輸入品の両方が食料品売り場に並んでいます。

▼日本のお菓子メーカーのある有名な商品のネーミングがポーク（豚）を連想させるのではないかと商品販売前に考えられました。そこで、「ラッキー」というネーミングにして販売されています。幸運という響きにもなり良いのではないかと考えられました。この商品も現在は、日本と同じネーミングのものとこのネーミングのものの両方が商品棚に並べられています。

4　ムスリムの観光市場

同様に Dinar Standard の Report によると、巡礼市場を除いたムスリムの国内国際を合わせた旅行市場についての規模は、二〇一八年では一八九〇億米ドルで世界市場の一二％を占めています。

また、同 Report では、Muslim-Friendly Travel と題し、その旅行形態について、ビーチリゾートや家族滞在型宿泊施設の提供拡大とともにその市場規模も拡大してきておりデジタル・ソルーションが市場規模拡大のキーになっていると報じられています。

5　ムスリム・インバウンド誘致政策

二〇一八年の訪日外国人旅行者数は三一〇〇万人を超え、政府目標である二〇二〇年までに四〇〇〇万人、二〇三〇年までに六〇〇〇万人、訪日外国人旅行消費額を二〇二〇年は八兆円、二〇三〇年は一五兆円の達成に向けて政策を掲げています。その中でも重要であると発表しているのがムスリム・インバウンド誘致政策です。政府は「訪日ムスリム旅行者対応のためのアクション・プラン 平成三〇年五月」を発表し、その誘致政策を掲げています。

その中では、①マレーシア、インドネシアをはじめとしてムスリムの多い東南アジアからの訪日旅行者が増加していること、②これらの国々は今後、生産と消費が急速に拡大する

イスラム観光市場

年	2012	2013	2014	2015	2016	2017	2018	⇨	2024
市場規模（億米ドル）	1370	1400	1420	1510	1690	1770	1890		2740

出典：Global Islamic Economy Report 2019/20より筆者作成

ビジット・ジャパン政策を掲げてからの訪日外国人旅客数推移

（単位：人，%）

	訪日外国人総数		マレーシア		インドネシア		トルコ	
年	人数	前年比	人数	前年比	人数	前年比	人数	前年比
2003	5,211,725	-0.5	65,369	1.6	64,637	16.1	6,653	8.4
2004	6,137,905	17.8	72,445	10.8	55,259	-14.5	6,685	0.5
2005	6,727,926	9.6	78,173	7.9	58,974	6.7	6,967	4.2
2006	7,334,077	9.0	85,627	9.5	59,911	1.6	8,123	16.6
2007	8,346,969	13.8	100,890	17.8	64,178	7.1	7,902	-2.7
2008	8,350,835	0.0	105,663	4.7	66,593	3.8	9,730	23.1
2009	6,789,658	-18.7	89,509	-15.3	63,617	-4.5	7,838	-19.4
2010	8,611,175	26.8	114,519	27.9	80,632	26.7	9,929	26.7
2011	6,218,752	-27.8	81,516	-28.8	61,911	-23.2	6,577	-33.8
2012	8,358,105	34.4	130,183	59.7	101,460	63.9	10,508	59.8
2013	10,363,904	24.0	176,521	35.6	136,797	34.8	12,464	18.6
2014	13,413,467	29.4	249,521	41.4	158,739	16.0	14,766	18.5
2015	19,737,409	47.1	305,447	22.4	205,083	29.2	17,274	17.0
2016	24,039,700	21.8	394,268	29.1	271,014	32.1	18,155	5.1
2017	28,691,073	19.3	439,548	11.5	352,330	30.0	19,123	5.3
2018	31,191,856	8.7	468,360	6.6	396,852	12.6	19,762	3.3

出典：JNTO 資料〈https://statistics.jnto.go.jp/〉をもとに筆者作成

実質経済成長率

（単位：%）

年	2009	2010	2011	2012	2013	2014	2015	2016	2017	2018
マレーシア	-1.5	7.5	5.3	5.5	4.7	6.0	5.1	4.2	5.9	4.7
インドネシア	4.7	6.4	6.2	6.0	5.6	5.0	4.9	5.0	5.1	5.2
日本	-5.4	4.2	-0.1	1.5	2.0	0.4	1.2	0.6	1.9	0.8

出典：JNTO データハンドブックより筆者作成

ことが見込まれている市場であるため、ムスリム旅行者に対する受入環境の向上や日本誘致のプロモーションが求められ、そのアクション・プランに基づき取組を加速させる必要性があることが述べられています。

マレーシア、インドネシアからの訪日旅行客数をみると、ビジット・ジャパン政策を開始した二〇〇三年には六万人台であり、マレーシアからもインドネシアからも六万五千人程度でした。訪日外国人旅行客数が念願の一千万人を達成した二〇一三年には、マレーシアから一七・七万人、インドネシアから一三・七万人に上り、二〇一八年には、マレーシアからは四六・八万人、インドネシアからは三九・七万人となり、震災などの影響で一時的には減少した年もありますが、両国の伸び率には目を見張るものがあります。その背景には入国ビザ要件の緩和、航空路線網の拡充、誘致プロモーション強化などが奏功しています。

さらに、今後は航空路線網が拡充されてきた中東のイスラム教の国々からの旅行客が増加することも大いに期待されます。

6　アジアのムスリムは富裕層になってきている

ムスリム・インバウンド誘致を考えた際に見落とせないのは、ＧＤＰの伸びです。実質経済成長率（前頁の表参照）をみても、マレーシアやインドネシアをはじめとするアジアの国々の成長は海外旅行者増加を期待するには充分です。

二　ムスリム観光客を受け入れるために知っておきたいこと

――マレーシアからのムスリム・インバウンドについての調査を中心に――

アップル・ヴァケーション&コンベンション、ストラ・トラベル、在クアラルンプール日系旅行社、在クアラルンプールのマレーシア企業、在クアラルンプールの日系企業などの訪問インタビュー調査（二〇一二〜二〇一四年、二〇一五〜二〇一七年）

Q1　海外ツアー、国内ツアー、国際業務渡航、国内業務渡航のなかでは利益が出やすいのはどれか？

日本の旅行会社と同様に各旅行会社はそれぞれの強みを持っていますが、一般的に海外旅行企画ツアーが利益ベースでは一番だとのことです。

Q2　マレーシアから日本への旅行意欲は何番目に多い国になるか？

現在のところマレーシアからの海外渡航先としての日本の順位は七位で、旅行意欲は他の国に比べ少ない状況でありますが、有名な日本に行ってみたいという声は急速に強くなってきており、また実際に旅行に出る人は増幅していると感じているとのことです。

また、インドネシアからの海外渡航先としての日本の順位は第七位です。

外務省が調査している「ASEAN一〇ヵ国における対日世論調査 二〇一七年三月調査」の結果を見ても、「最も信頼できる国はどこですか（ひとつ選ぶ）」という質問には、ASEAN一〇か国全体で日本が三〇％という結果でトップであり、二位の中国一四％、三位のアメリカ一三％という数値からも海外旅行の選好性に繋がると期待できます。国別の解答をみると、マレーシアでは一位中国二五％、二位日本一七％、三位サウジアラビア一六％、インドネシアでは一位日本二四％、二位サウジアラビア二一％、三位中国一四％となっており、両国からの日本への信頼は高いといえます。

この質問だけではなくASEAN一〇か国の日本への信頼は高く、これらを維持向上させることにより一層の訪日旅行者増が期待されます。

コラム　**ムスリムが旅行しやすい国々**

ムスリムが旅行する先の国として安心できる国を、マスターカード・クレセントレーティングが調査しており、イスラム協力機構（OIC）非加盟国におけるムスリム・フレンドリーな観光地として日本は第三位になりました。

渡航者数ではなく、ハラール食が提供されるか、礼拝場所があるかなど、ムスリムにとって必要なサービスや施設がどれくらい充実しているかを評価基準に調査したものです。

イスラム教の国	
1	マレーシア
2	インドネシア
3	トルコ
4	サウジアラビア
5	アラブ首長国連邦
6	カタール
7	モロッコ
8	バーレーン
9	オマーン
10	ブルネイ

非イスラム教の国	
1	シンガポール
2	タイ
3	イギリス
3	日本
3	台湾
6	南アフリカ
7	香港
8	韓国
9	フランス
9	スペイン
9	フィリピン

出典：Mastercard-Crescent Rating "Global Muslim Travel Index 2019" より筆者作成

Q３　マレーシアから日本へ行く旅行者について、観光と業務の比率は？

二〇一八年訪日外国人消費動向調査（観光庁、以下同様）では、観光・レジャーが七〇・八％（マレーシア）、六四・二％（インドネシア）です。ビジネス、コンベンション、国際会議などの目的での日本への訪問は、一九・七％（マレーシア）、二三・一％（インドネシア）です。

クアラルンプールのアップルツアーのように団体募集ツアーに強い旅行会社であったり、主に業務渡航を扱っている旅行会社であったり、それぞれの旅行社により特徴がありますので、各地のＪＮＴＯ（日本政府観光局）などから情報を得ると良いです。

Q４　業務は東京が中心か？

ビジネス渡航の目的地は東京が多いとのことです。

Q5 マレーシアのクアラルンプールから日本へ行く観光目的の旅行者について、人気の目的地はどこか？

団体募集ツアーではゴールデンルートといわれる東京・横浜・箱根・富士山・名古屋・京都・大阪を周遊するルートが人気ですが、個人や家族の訪日旅行の場合は、東京や大阪へのモノ・デスティネーションが人気です。ゴールデンルートの人気がないわけではないですが、周遊するよりも単一の目的地が好まれます。

Q6 マレーシアから日本へ行く観光目的の旅行者について、期間は何日間か、季節はどの季節が望まれるか、また特定の曜日や月の要望はあるのか？

期間は、四泊六日か五泊七日が多いです。季節や時期は特にないと言っていいとのことです。ただし、桜の時期、一〇月と一一月のＭＩＣＥ関係の時期、紅葉の時期は人気があります。出発や帰着の曜日は気にされないとのことです。旅行社では「募集もの」は通年では行っていませんが、桜の時期、ハリラヤ（マレーの正月）、中国系の旧正月の年三回は行います。その場合の期間は五泊七日が一般的です。

Q7 日本へ行く観光目的の旅行者について、誰と行くか（職場の仲間か、友人と行くか、家族と行くか）、また、形態は団体か個人か？

家族ツアーが多いです。また、個人の形態です。家族や友人、親戚での観光ツアーを楽しんでいます。二〇一八年訪日外国人消費動向調査では、同行者の割合は家族・親族が四一・五％（マレーシア）、四四・四％（インドネシア）です。

Q8 マレーシアから日本への観光目的の旅行者について、インセンティブツアー（会社、労働組合、優秀保険販売、優秀自動車販売）はあるか、卒業旅行やゼミ旅行などはあるか、特殊な団体はあるか？

インセンティブツアーはあります。国の経済も好調ですし、企業業績も好調なのでインセンティブ旅行は盛んになってきています。特に販路拡大している業界のインセンティブツアー、例えば、自動車販売関係などのインセンティブツアーは伸びています。卒業旅行やゼミ旅行はありません。修学旅行はありますが、日本のように強制的なものではなく学内で希望者を募って行くものです。高校二年生が中心で、クアラルプールのＪＴＢは年間二〇校くらい取り扱っているとのことです。

二〇一八年訪日外国人消費動向調査では、インセンティブツアーの割合は、一・四％

（マレーシア）、一・二％（インドネシア）です。

Q9 マレーシアから日本へ行く観光目的の旅行者について、ツアー費用はいくらか？

募集ツアーは五泊七日が一般的で、五〇〇〇～八〇〇〇RM（リンギット）であり、六〇〇〇RMくらいが一般的です。一RMは約二六円ですので（二〇一九年一一月時点）、約一三～二一万円で、一六万円くらいが一般的ということになります。

Q10 ハネムーン需要として日本は考えられるか？

日本へのハネムーンは現在のところはありません。クアラルンプールからだとプーケット、バリ、ランカウイ、モルディブに行くのが一般的です。二〇一八年訪日外国人消費動向調査では、来訪目的のうちハネムーンの割合は、〇・六％（マレーシア）、〇・六％（インドネシア）です。

Q11 日本への観光ビザ取得は難しいか？

マレーシアからのビザ取得は免除されています。継続して三か月を超えない短期滞在で、国際民間航空機関（ＩＣＡＯ）標準のＩＣ一般旅券（旅券表紙にＩＣロゴマーク入り）を所持する場合は、ビザ取得の必要はありません。

インドネシアからの観光目的のビザ取得についても、国際民間航空機関（ＩＣＡＯ）標準のインドネシアＩＣ旅券（旅券表紙にＩＣロゴマーク入り）を持っており、事前にインドネシア国内の日本の在外公館（大使館・総領事館・領事事務所）において、ＩＣ旅券の登録をすれば、一五日間以内の滞在の場合はビザ免除されています。また、その有効期限は三年間です。

また、シンガポール、タイ、マレーシア、ブルネイ、韓国、台湾、香港、マカオからは一定の条件がある国もありますがビザ免除されています。

Q12 マレーシア、インドネシアから日本への観光目的の旅行者へ、現地旅行社はデポジットを取っているか？

デポジットは取っていません。マレーシアおよびインドネシアから日本への旅行客へのデポジットは通常ありません。かつて中国から日本への観光客へ、二〇〇〇年代くらいまで中国の旅行社がデポジットを取っていたことがありますが、現在は中国発の旅行者にもデポジットを要求することは特殊な場合を除きありません。

Q13 旅行中には一日に何回礼拝するか？　礼拝時刻は？　礼拝時間は？　旅行中は礼拝しなくとも良いのか？　礼拝場を設置しなければならいのか？　礼拝場として代用できる場所はどのような場所か？

礼拝の時刻と礼拝する方向（メッカのカーバ聖殿の方向）を示すキブラはスマートフォンのアプリにもあり、それで確認することもできまし、キブラ・コンパスというもので方向を確認することもできます。

一回の礼拝の時間は五分程度です。

礼拝を行う場所は、礼拝場があればよいのですが、なければ、落ち着いた清潔な場所であればよく、必ず設けなければならないということではありません。清潔な場所であれば大丈夫ですので、会議室等でも代行できます。

また、礼拝しているところは衆人環視ではない方が良いです。

さらに、礼拝を行う場所は男女が別々であること、別々でなくとも仕切りがあることが望まれます。簡易なものでも構いません。

旅行中の礼拝は一日五回を三回に省略することも可能です。

キブラ・コンパス

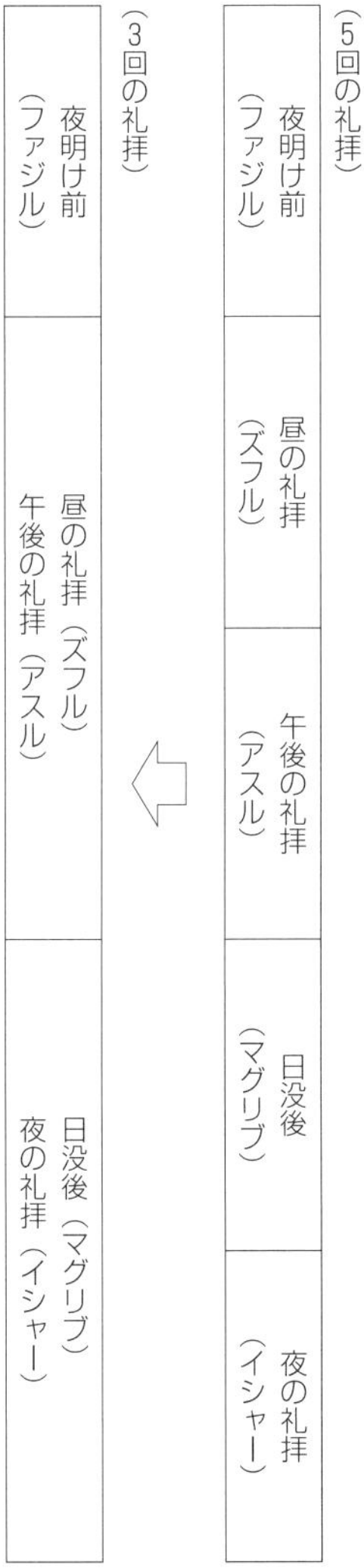

（5回の礼拝）				
夜明け前（ファジル）	昼の礼拝（ズフル）	午後の礼拝（アスル）	日没後（マグリブ）	夜の礼拝（イシャー）

（3回の礼拝）		
夜明け前（ファジル）	昼の礼拝（ズフル）午後の礼拝（アスル）	日没後（マグリブ）夜の礼拝（イシャー）

Q14　人により信仰心が違うように思えるが、緩やかな人は厳しい人から非難されるのを気にするか？

どの宗教でも同じですが、信仰心は人により違うものです。イスラム教徒の場合、緩やかな人は厳しい人から非難されるということは全くありません。

Q15　礼拝用のマットは必ず用意しなければならないか、タオルなどでも代用できるのか、代用として考えられるものは何か？

礼拝時にムスリムの人々はマットを使用します。このマットは何かで代用もできます。立ち上がった際に、跪いてもマットから出ないような大きさのものであれば、布地、ピクニック用敷物等で代用ができます。

Q16　洗い場は必要か？　タオルは必要か？

洗い場は必要です。これが一番難題かもしれません。日本人からするとトイレを使用するとびしょびしょにされるとか、洗面台に足を載せて洗っていることに抵抗があるとも感じられるかもしれませんが、ムスリムの人々が礼拝する前には欠かせないものなのです。専用のものは決して必要ではありませんが、様々工夫をして洗い場を提供するよ

礼拝用のマット

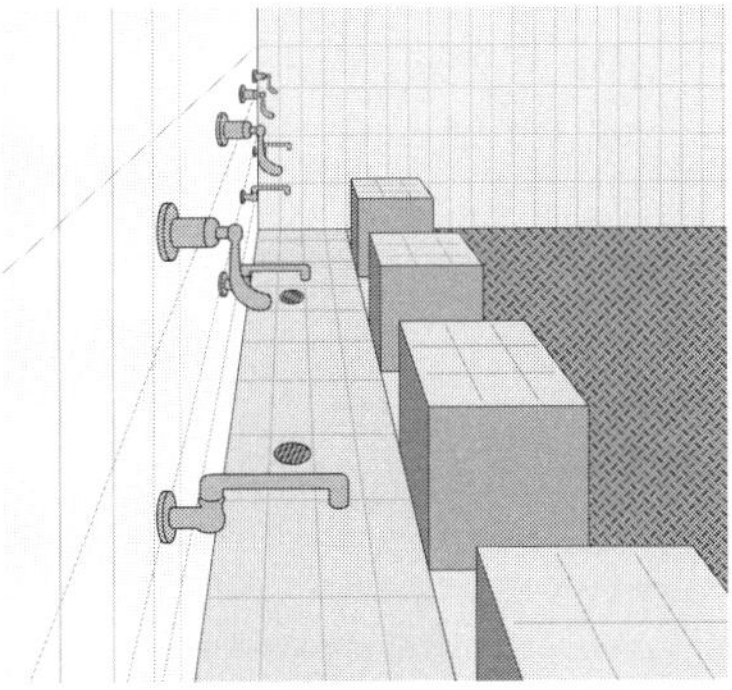

礼拝用の洗い場

ウドゥーの仕方

❶流れる水で手首まで洗う
❷手で水を受け口を三度注ぐ
❸手で水を受け鼻孔を三度洗う
❹顔を三度洗う
❺右腕に続いて左腕を洗う
❻頭を一度洗う
❼耳の穴に指を入れて耳全体を三度洗う
❽首筋を一度洗う
❾右足、左足というように足首まで洗う

うにしてください。

礼拝前の洗い場での水は、流水でなければならず、貯めているものを礼拝者に使用させる状態にしないでください。もし、流水が不可能な場合は、清めの砂を使用することも可能ですが、それは本人とよく話し合っておく必要があります。

また、タオルは、洗い場にかけておいてあげるとよいと思います。ペーパータオルを用意しておくことも喜ばれます。

Q17 どこを洗うのか？　鏡は必要か？

鏡は必要ありません。礼拝の前に身を清める儀式を行いますが、洗うのは、手と顔、濡れた手で頭をこすり、腕の肘から先、そして両足を洗います。

Q18 コーランの用意は必要か？

コーランを用意しておかなければならないということはありません。礼拝の際に唱える言葉はコーランがなくとも各自で暗誦しています。

Q19 男女の仕切りは必要か？

礼拝を行う場所は男女が別々であるか、別々でなくとも仕切りがあることを望まれます。簡易なものでも構いません。腰くらいまでの高さでもよいので、簡易パーティションを用意しておいてください。

Q20 日本において礼拝するうえで心配していることや困ることはあるか？

礼拝は清潔な場所で行うが、日本は清潔な国なので心配していることはないといわれます。日本への旅行者は礼拝所がなくとも、ビルの踊り場や車の影などで礼拝をしています。

Q21 日本の仏像は偶像崇拝の対象と理解されているか、手を合わせていることについてはどう思われているか、神社でかしわ手を打つことはどうか、お賽銭を上げることはどうか？

仏像は偶像崇拝の対象と考えられているのが一般的です。そのため、礼拝はしませんが、お寺、鳥居、仏像などのあるところへ行くのは可能であり、観ることや眺めることは問題ありません。

神社でかしわ手を打つことはしないですし、お賽銭を上げることも一般的にありません。また、お守りを買うこともありません。

Q22 「ムスリム・フレンドリー」という言葉は知っているか？

マレーシアの旅行社ではこの言葉自体は聞いたことはないということでした。マレーシアの旅行社からは、この言葉についてムスリムに対してフレンドリーであるという印象を抱き、いい響きであり、この言葉がハラールのことを指しているとは思えないが、いい言葉であると思うと好評を得ています。

Q23 犬には近づきたくないか、近づいてきたらどうするか？

極端に犬を遠ざけるということではないですが、犬の濡れた鼻に触ってはいけないということです。濡れていればハラームとなります。犬もドライで手もドライならば触ってもハラームとはならなりません。濡れた犬に触ってしまった場合は、土で七回手を洗わなければなりません。

Q24 蟻や蜂が近づいてきたらどうするか？

蟻や蜂は触ってもハラームではありません。食べるのはハラームです。

Q25 動物園、植物園を訪問することは問題があるか？

問題ありません。食するということではないので問題はありません。

Q26 海鮮市場を訪問することは問題があるか？

問題ありません。うろこのないものには近づくことがないような配慮ができれば喜ばれます。

Q27　食肉市場を訪問することは問題があるか？

問題ありませんが、ポークを販売しているところは避けてください。ポークは見るのも嫌がられます。

Q28　ヒジャブ（頭の毛を覆うもの）はホテルや旅館の部屋でも着用するか？

家族だけならば着用しないのが一般的です。また、女性同士の場合も着用しないことが一般的です。

Q29　日本のトイレには便器の横に水を出せるホースがついていないが、設置しなければならないか？

マレーシアやインドネシアの便器の横には水を出せるホースがあります。排泄後にそれを使用し排泄部位を洗います。日本では温水洗浄便座を使用しますので、新規に設置する必要はありません。もし、宿泊施設や食事施設等のムスリムが利用する施設内にない場合は、前もって近くにある施設を伝えておいてあげてください。

Q30　風呂は個人で入浴しなければならないか、人に肌を見せられないか、家族でも入れな

主な利用宿泊施設の割合（2018年）

（単位：%）

	マレーシア	インドネシア
ホテル（洋室中心）	58.3	60.3
旅館（和室中心）	11.7	8.6
有料での住宅宿泊	14.4	10.6

出典：観光庁「訪日外国人消費動向調査　2018年（平成30年）暦年・確報」より筆者作成

いか？

女性は肌を見られるのを嫌がります。部屋のなかの風呂が一番ですが、貸し切り風呂や家族風呂などを利用できるようにすることもよいです。小さい子どもを連れての入浴も一般的ですが、小さい子どもがいない場合は、個人で入浴します。

Q31　旅館の畳の部屋は嫌がられないか、靴を脱ぐことは嫌がられないか？

畳の部屋は大丈夫ですし、靴を脱ぐことも問題ありません。部屋割りについては事前に部屋の宿泊可能人数やベッド数の情報をお伝えして、決めていただくことが得策です。

Q32　二段ベッドなどがある共用の部屋には宿泊できるのか？

カーテンなどがあり人から見られなければＯＫです。

Q33　込み合う時間帯の鉄道や地下鉄に乗れるか、肌が触れ合うことも大丈夫か？

大丈夫です。クアラルンプール市内の地下鉄内で触れ合うことは絶対ないということはありませんので、心配不要です。

Q34　日本の「ノンアルコール・ビール」は飲むことはできるか？

ビールと記されていると嫌がる人はいると思いますが、アルコール・フリーであることを伝えれば、問題はありません。

Q35　日本食を食べたいという希望は強いか、しょうゆ、みそがハラールならば、まな板や包丁がハラールでなくとも良いか？

アルコール・フリー、ポーク・フリーならばその旨を事前に伝えれば、ムスリム自身が自分で判断します。しょうゆ、みそがハラールならば、まな板や包丁がハラールでなくとも良いということではありません。ハラールの食材を使用していても全体がハラールでなければ本来のハラールではありませんので、どのような対応をしているのかを明確に開示して、事前にお伝えすることが必要です。

Q36　日本への旅行の際はハラール食品を持参するのか？

多くの旅行者は持参しているのが現状です。添乗員が同行してきている場合は、添乗員が持参してきていることも多いです。ただし、日本に持ち込めないような食材は持参できないので、事前に相談を受けた場合は、気を付けてください。

また、公の観光団体のホームページや民間団体のホームページなどからハラール対応可能なレストランの情報がありますので、伝えていきましょう。

Q37　日本への旅行中に人に見られないならばお酒を飲んでもいいと考えるムスリムもいるのでは？

そういった噂は聞いたことはありません。

ムスリムは他のムスリムが戒律を守らないことに対して非難することはないからといって戒律を守らないということはなく、旅行中でも旅行中でなくとも信念に従い行動すると思います。ムスリムはアッラーと直接的に結びついているため、ムスリム同士が他のムスリムに対して善悪を指摘することはありませんので、個人の判断になりますが、そのようなことはないと思います。

Q38 日本で人気のあるレストランはあるか、食べ物はあるか？

日本に行ったら日本食を食べたいと言われます。インターネット上の情報などからレストランを訪ねていくことが一般的です。ハラール対応の天ぷら、天丼、そば、うどんは人気があります。これからもムスリム観光客に人気の店や施設が口コミやインターネットで拡がっていくことになります。

Q39 日本にあるファストフード店のハンバーガーショップはポーク製品を提供していないところも多くあるが、そのショップは好まれるか？

これまでのところ、日本でハンバーガーショップに行き、食べることはないと思われます。ポークがなくてもラード油などが使用されているかどうか不安があるためです。

Q40 日本からのお土産はどのようなものを買って帰国するか？

ハラールのものをお土産として買って帰ります。特にお菓子などの食品に人気があります。人形は買いません。

二〇一八年訪日外国人消費動向調査では、満足した購入商品がマレーシアもインドネシアも順位は同じで、一位 菓子類、二位 靴・かばん・革製品、三位 衣類です。

Q41　日本からのお土産は誰に向けて買って帰るのか？

家族と友人に買って帰ります。職場にお土産を買って帰ることも最近ではあります。

Q42　訪日観光の時期のピークは？

需要の強い時期は学校の休み期間です。一一月中旬から一二月末と五月下旬から六月中旬の二回です。また、桜の季節も強い需要があります。クアラルンプールの旅行社もこれらの三回の期間は団体募集に力を入れています。

日本ツアーの人気の時期は、桜、紅葉、雪の時期です。また、「四季を感じたい」という希望も多くのムスリムから聞かれます。

ＪＮＴＯのホームページ等に祝日や学校の休み期間の情報がありますので、確認しておく必要があります。

Q43　食事の際は右手を使う？　座る位置は？

ムスリムの人々は食事の際は右手で食べます。握手も右手です。訪日

ハラールのお土産

次回したいこと（複数回答）選択率順位

	1位	2位	3位	4位	5位
マレーシア	日本食を食べること	自然・景勝地観光	温泉入浴	ショッピング	四季の体感
インドネシア	日本食を食べること	自然・景勝地観光	四季の体感	ショッピング	旅館に宿泊

出典：観光庁「訪日外国人消費動向調査　2018年（平成30年）暦年・確報」より筆者作成

ムスリムへレストランなどでサービスする場合も右手で行うようにしてください。

座る位置についてですが、ムスリムの人々にとり、目上の人、年配者、男性は前の方に位置することが通常です。タクシーに乗る場合も女性や子どもは後方の座席なのです。

Q44　ムスリム観光客が日本へ旅行する際には何を期待しているのか？

日本式のサービスやおもてなしと先進的なところを見たいと期待しております。

また、二〇一八年消費動向調査によるとマレーシアとインドネシアからの訪日観光客が再訪の際にしたいことの一位は、ともに日本食を食べることです。

Q45　ムスリム観光客が日本へ旅行する際には何を懸念しているのか？

食事について一番心配されています。ハラールの食事があるかどうかが気にかかっています。

そこで、受入れ側として大切なことは、予約が入ったならば、あるいは問い合わせの段階から、自分たちの情報を発信することが重要です。ハラール認証を取得しているか否か、認証取得はしていないがポーク・フリーの食事を用意することは可能であるか、アルコール・フリーの食事を用意できるかを事前に情報提供しておくことが大切です。予約が入れば、こちらから再度確認しておくことも重要です。

発信情報の項目は以下を参考にしてください。

〈レストラン〉

・ハラール認証取得しているか否か
・ムスリムの従業員がいればそのことも伝える
ハラール認証取得していない場合は
・ポーク・フリーの料理やアルコール・フリーの料理が可能か否か
・調味料や材料にハラールのものが使用されていればそのことも伝える
・レストラン内では個室対応が可能か、仕切りで区切ることが可能か
・禁煙要望あるいは分煙要望に応えられるか

・レストラン内で肌を見せるような舞踊はないか
・飲酒する他の顧客と離したり分けたりすることは可能か
・レストラン内あるいは近くでの礼拝の可否、礼拝可能な場所の確保の可否

〈礼拝〉
・礼拝するスペースの有無あるいは確保の可否
・マットあるいは代替のものの用意の可否、代替のものの詳細
・清めあるいは洗い場の有無、あるいは用意できる場所や施設について
・礼拝場の男女の仕切りの有無

Q46　ムスリム観光客をどのように獲得していくか？

マレーシア旅行博「MATTA」やインドネシア旅行博「ツーリズム・インドネシア・マート&エキスポ（TIME）」という機会をとらえ、現地の旅行社などと名刺交換や話す機会を持つことが第一歩です。ただし、大切なことは、事前の準備とその後のフォローです。事前にすることは、その国や地域の仕組み・状況を把握して自分たちの目指す取組みができそうな相方とアポイントをとり、当日の話し合いのポイントを事前に明示しておくことです。事前のアポイント取得は公的機関などを経由して紹介、仲介を

受けて取得する方法などがお勧めです。その後のフォローも必ず行っていかなければなりません。その後の連絡または訪問を忘れてはなりません。そこで自社の強み、対応力をアピールすることです。さらに、情報を発信し、相手からも情報を発信してもらえるような関係を築くことが大切です。

また、二〇一八年訪日外国人消費動向調査では、旅行出発前に利用した情報の順位は、マレーシアでは、一位個人のブログ、二位旅行会社ホームページ、三位自国の親族・知人、インドネシアでは、一位自国の親族・知人、二位トリップアドバイザーなどの口コミサイト、三位ＳＮＳです。これらから解ることは、訪日外国人を迎え入れた際にその方々からインターネット上に情報を提供してもらうことが大切だということです。それが増加に直結し、再訪に繋がるということです。

Q47　ハラール認証は取得しなければならないか？

ムスリム観光客を受け入れるためにハラール認証を取得していればよいことは言うまでもないことです。しかしながら、必ず取得しておかなければならないかというとそうではありません。ムスリム観光客の受入れ状況にもよりますが、事前情報をしっかり発信しておくことが最も重要です。ムスリムの方々も人により様々であるとも言えます。

もし、取得を考えている場合は、ハラール認証は全世界共通のものではありませんし、日本で認証を出している機関も一つではなく、ＮＰＯ法人、株式会社など、団体の形態が異なる機関が多数あり、どの機関から取得するべきかを悩んでしまうことにもなると思います。早くに取得した施設のなかにも認証取得に多額を要し、毎年維持に何十万円も要している施設もあります。さらに、日本で認証を出している機関では取得後にムスリムを雇用することを要望している機関もあります。情報発信とムスリム・フレンドリーを実践して受け入れを進め、その後に認証を取得していくようにされてはいかがでしょうか。

三　ムスリム・インバウンド促進のための心構え

１　訪日ムスリム人数

全世界のイスラム教徒人数とこれからの予測人数、訪日外国人旅行客数、マレーシア、インドネシア、トルコからの訪日人数等については先に述べてきていますが、訪日ムスリム人数は明確ではありません。出入国書類で宗教を尋ねることはありえないからです。私自身が観光の関連学会でムスリム・インバウンドについての研究発表をすると必ずと言ってよいほ

訪日ムスリム人数（推定）

	2013	2014	2015	2016	2017	2018	2019
訪日ムスリム人数（人）	283,544	387,964	592,321	823,679	970,592	1,081,521	1,405,977
伸び率（%）		136.8	152.7	139.1	117.8	111.4	130.0
訪日外国人総数（人）	10,363,904	13,413,467	19,737,409	24,039,700	28,691,073	31,191,856	
伸び率（%）		129.4	147.1	121.8	119.3	108.7	

出典：訪日ムスリム人数は〈https://statistics.jnto.go.jp/〉から筆者推定、訪日外国人総数はJNTO資料〈https://statistics.jnto.go.jp/〉より

ど、この質問を受けますので、答えています。また、増加していくことはムスリム経済圏市場規模やムスリム観光市場規模をみれば明白であります。

訪日ムスリム人数の推定数は表の通りです。

2　自分たちの「おもてなし」を売り物にする

日本のインバウンドの最大の売りは「おもてなし」、「親切、優しい、信頼できる」ということでしょう。この共通の礎のもと、自分たちの固有の売りはなにか、差別化や優位性はなにかを考え実行しているのが日本です。それをムスリム観光客向けに確立してアピールしていくことにしたいものです。自分たちの売りはなにかをしっかり考え訴求していくことが最重要であります。自分たちの考えるおもてなしをしっかり確立していけば他との差別化も優位にもなります。自分たちの「おもてなし」となってムスリム観光客に感動を与えることができれば、リピーターを生むことになるのです。

コラム　信頼を築くために

ムスリム旅行者に限らず信頼の獲得がリピーター獲得となるのです。そのためにはＡＫＣを心がけることが最重要なのです。Ａは挨拶、Ｋは声掛け、Ｃはコミュニケーションです。観光業界ではお客様、およびお客様を紹介、仲介、媒介してくれる旅行社は、皆同じではないことはご承知のとおりであり、そのお客様や旅行社にあったＡＫＣを行うことが重要です。

3　ムスリム・フレンドリーになる

これからムスリムの人々の訪日が増加することは容易に想像できます。そのなかで自分たちがどのようにお客様を獲得し、リピーター化していくかを考えていかなければなりません。

そこで大切なことはムスリム・フレンドリーになることです。このムスリム・フレンドリーという言葉は観光庁、マスコミ、観光関係で使われています。イスラム教を知り、文化や人々の考え方を知り、おもてなしを実行する第一歩はムスリム・フレンドリーの精神を持って接することです。このムスリム・フレンドリーという表現は、ハラールではないがポーク・フリーである場合など食事についてのみ言っているのではなく、ムスリムの方々への配慮や敬意を表していますよ、ということを意味しているのです。ムスリムの人々からも良い印象を持たれる表現です。自社のおもてなしを考える際にはムスリム・フレンドリーを意識していきましょう。

コラム　エルトゥールル号遭難事件

日本とトルコの友好の原点といわれるのがトルコ船エルトゥールル号を遭難時に助けたことです。外務省のホームページでは、「日本・トルコ交流のはじまり」と題して次のように紹介しています。

「一八八七年（明治二〇年）、小松宮彰仁（こまつのみや・あきひと）親王殿下はヨーロッパ視察旅行の帰途、イスタンブールをご訪問し、オスマン・トルコ皇帝（スルタン）アブデュル・ハミト二世に謁見しました。この時の歓待に感謝し、翌年、明治天皇は皇帝に親書と漆器を贈られました。一八八九年七月、アブデュル・ハミト二世は、日本に答礼の特派使節を派遣しました。オスマン・パシャ（海軍少将）を代表として軍艦エルトゥールル号に乗ってやってきた使節団はトルコから日本に派遣された最初の使節でした。

一八九〇年六月、同使節団は横浜に到着、オスマン・パシャは明治天皇に拝謁し、オスマン帝国の最高勲章を捧呈しました。使節は約三カ月間、日本に滞在し、トルコに帰還する途中の九月一六日夜、和歌山県の樫野崎灯台付近で台風による強風と高波の影響を受け座礁、沈没しました。

樫野崎灯台がある大島村（現在の串本町）では、生存者の保護と遺体収容のため、村を挙げて懸命に対応にあたりました。また、日本海軍も知らせを受けると、軍艦八重山を派遣し、村民と協力して遭難者の埋葬を行いました。救出された六九名の乗組員は、

『土耳其國軍艦エルトグルル號』

出典：国立国会図書館ウェブサイト。

神戸で治療を受け、その後、明治天皇の命により軍艦金剛、比叡によって、丁重にトルコへ送還されました。両軍艦は一八九一年一月二日、イスタンブールに到着し、歓迎を受け、両艦長には皇帝から勲章が授与されました。これに対し、後日、明治天皇からもトルコ海軍少将等へ勲章が授与されました。

また、約六〇〇名の死者を出した本事件は日本国内で大きく報道され、義捐金も集められました。このような日本国民の対応はトルコ人の心を打ったとされ、極めて痛ましい事件ではありましたが、本事件は両国の友好の原点とされています。」

このように紹介されていますが、串本町に建設されたトルコ記念館には写真とともに助けようと懸命になった姿が説明されています。それによると、遭難船員の救出のため嵐の海へ飛び込んだり、船員たちを自らの体温で温めたりして救出にあたったり、自分達も台風のため食料がないなかで最後に残った鶏も彼等に提供したり、献身的に介護しにもかかわらず残念ながら死亡した人の遺体を丁寧に村の人々が葬ったりしたと記されています。

引用・参考文献

アンサーリー、タミム『イスラームから見た「世界史」』小沢千重子訳、紀伊国屋書店、二〇一一年。

大塚和夫・小杉泰・小松久男他編『岩波イスラーム辞典』岩波書店、二〇〇九年。

河田尚子『日本人女性信徒が語るイスラーム案内』地歴社、二〇〇四年。

私市正年監修『イスラム世界』日東書院本社、二〇一五年。

黒田寿郎編『イスラーム辞典』東京堂出版、一九八三年。

近藤洋平編『中東の思想と社会を読み解く』東京大学中東地域研究センタースルタン・カブース・グローバル中東研究寄付講座、二〇一四年。

佐々木良昭『面と向かっては聞きにくいイスラム教徒への99の大疑問』プレジデント社、二〇一五年。

塩尻和子・池田美佐子『イスラームの生活を知る事典』東京堂出版、二〇〇四年。

鈴木紘司『預言者ムハンマド』ＰＨＰ研究所、二〇〇七年。

大法輪編集部編『仏教・キリスト教・イスラーム・神道どこが違うか』大法輪閣、一九九一年。

中国ムスリム研究会編『中国のムスリムを知るための60章』明石書店、二〇一二年。

中道、ファドルッラー・チャン『イスラムについてQ&A』創英社／三省堂書店、二〇一六年。

林良隆『ムスリム観光客へのおもてなし』パブリック・ブレイン、二〇〇四年。

林良隆「「ハラール認証」および「ムスリム・フレンドリー認証」についての考察 A Study on Halal Certification and Muslim-friendly Certification」日本観光学会誌（56）、二〇一五年。

ヒネルズ、ジョン・R編『世界宗教事典』佐藤正英監訳、青土社、一九九九年。

ヒレンブランド、キャロル『図説イスラーム百科』蔵持不三也訳、原書房、二〇一六年。

ペン編集部編『イスラムとは何か。』pen BOOKS 020、阪急コミュニケーションズ、二〇一三年。

松野純孝編『新宗教辞典』東京堂出版、一九八四年。

宮田律『イスラムでニュースを読む』自由国民社、二〇〇〇年。

森孝一編『ユダヤ教・キリスト教・イスラームは共存できるか』明石書店、二〇〇八年。

ウェブサイト

外務省ホームページ「アセアン対日世論調査」〈https://www.mofa.go.jp/mofaj/press/release/press4_005211.html〉
外務省ホームページ「世界一周「何でもレポート」」〈https://www.mofa.go.jp/mofaj/press/staff/index.html〉
観光戦略実行推進タスクフォース「訪日ムスリム旅行者対応のためのアクション・プラン」〈https://www.kantei.go.jp/jp/singi/kanko_vision/pdf/h300522actionplan_honbun.pdf〉
観光庁ホームページ「訪日外国人消費動向調査」〈http://www.mlit.go.jp/kankocho/siryou/toukei/syouhityousa.html〉
農林水産省ホームページ「平成27年度輸出戦略実行事業　国内ハラール認証取得企業のハラール食品輸出取組事例」〈www.maff.go.jp/j/shokusan/export/torikumi_zirei/pdf/q_haral.pdf〉
Dinar Standard "State of the Global Islamic Economy Report" 〈https://knks.go.id/storage/upload/1575959587-State%20of%20Global%20Islamic%20Economy%20Report%202019%202020_compressed%20(1).pdf〉
JNTO（日本政府観光局）ホームページ「訪日外国人数」、「データ・ハンドブック」〈https://statistics.jnto.go.jp/〉
MasterCard-Crescent rating "Global Muslim Travel Index" 〈https://www.crescentrating.com/reports/global-muslim-travel-index-2019.html〉
Pew Research Center "Religion & Public Life" 〈https://www.pewforum.org/〉
PWC Malaysia ホームページ「マレーシアにおいて事業を営むためのハンドブック」〈https://www.pwc.com/my/en/publications/2018/tax/2018-2019-msian-tax-booklet-jpn.html〉

《著者紹介》

林　良隆（はやし　よしたか）

日本航空勤務，共栄大学国際経営学部教授を経て，
帝京大学非常勤講師，白鷗大学非常勤講師，HBS 総合研究所代表

イスラム文化と観光
――ムスリム・インバウンドの教科書――

2020年 6 月30日　初版第 1 刷発行　　＊定価はカバーに表示してあります

著　者　林　良隆©
発行者　萩原淳平
印刷者　江戸孝典

発行所　株式会社　晃洋書房
〒615-0026　京都市右京区西院北矢掛町 7 番地
電話　075（312）0788番㈹
振替口座　01040-6-32280

装丁　谷本豊洋　　　印刷・製本　共同印刷工業㈱
ISBN978-4-7710-3369-6